左と見右と見こう見

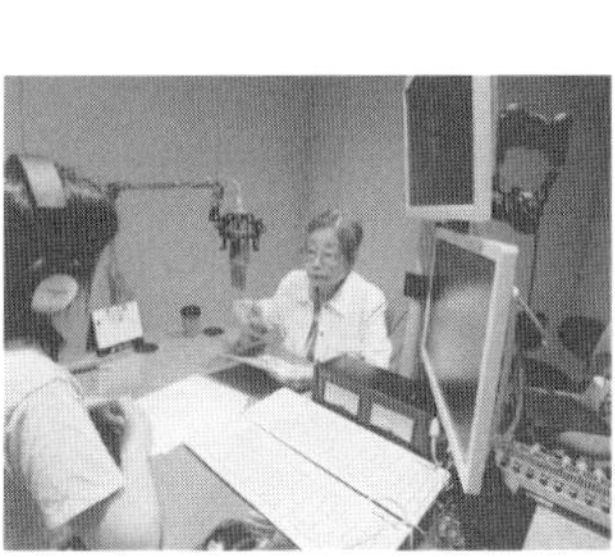

はじめに

思いもかけぬ仲間の提案と協力を得て、この度「と見こう見（左見右見）」が出版の運びとなりました。内容は、六年前からラジオ（南海放送）でお話しておりますものを文字に直し、その中から抜粋したものを四つの項目にまとめた形になっております。これらは全て私がカウンセラーとして、多くの方々から教えられ学んだことの一部にしか過ぎません。

ふり返れば、私の人生の前半（四十代後半まで）は、波瀾万丈の年月でした。そんな私がカウンセラーになろうと思ったきっかけは、四年にわたって入院治療していた時に、学校に行きたくない、行けないという何人かの中学生に出会ったことでした。

昭和シングル生まれの私は、十代前半を戦中戦後に過ごしたこともあって、学校へ行けるのに行けないということは、とても不思議な現象でした。あの何もない暗い時代にあってすら、楽しいことを探すのが仕事だったことを昨日のことのように思いだすからです。

十代前半と言えば一番楽しい時期で、人生が何なのかも理解していないけれど、少し背伸びしているのもまた可愛い時期です。その若い子が枕を抱えてうずくまっている姿を見て、何故か私の心は揺さぶられ、じっとしていられなくなり、何かしなくてはと親の会「登校拒否を考える会」を仲間といっしょに立ち上げました。

あれからはや三十三年が経ち、最初に出会った彼や彼女たちは、四十代の働き盛り、社会人として、親として、それぞれの人生を前向きに歩んでいます。

それらの諸々をふり返って思うことは、あの波乱万丈だった日々が私の支えになったということと、彼らと出会って、沢山のことを教えられたこと、信じさせてくれたということです。

「人は、自分の見たいものしか見ない」という言葉がありますが、目の前の出来事に目を奪われ、不都合がおきているそんな時に、ちょっと周りを見ませんか、俯瞰で見ませんか、ということを、彼らと一緒にしてきたなあと気づかされております。今回の本に「と見こう見（左見右見）」と題をつけましたのも、そういう思いからです。

お手にとられた方が、これらのお話から少しでも何か思うことがあれば、とてもうれしい限りです。

この本はラジオで話したものなので、少しは推敲したのですが、松山弁丸出しの語り口調になっております。読みにくい点も多々あると存じますが、ご容赦ください。

長谷川美和子カウンセリング事例集

と見こう見（左見右見）

目次

II 引きこもりさまざま

III 問題行動いろいろ

Ⅳ 発達障がいその他

表　紙・長谷川たけし
カット・麦の日の若者たち

I

不登校あれこれ

◆家業を継げと言われなくて

聴き手・小倉　健嗣
永野　彰子

ある親御さんが子どもの頃、家業を継げと言われてつらい想いをした経験があったそうです。継ぎたくないのに継いだために、自分がやりたいことがやれなかったということで、その方は、自分の子どもに好きなことをさせようと思って、家業を継げと言わなかったんですね。子どもの方は、自分を全然必要とされてないということで、どんどん自信を失うんです。お父さんが大好きな男の子だったんです。お父さんは自分のつらい経験から、何か言いそうになると口をつぐんでしまった。お父さんはそのことで息子が自信を失っていることに気づいていないんですね。

彼が不登校になり、引きこもった頃、お父さんにお会いしました。お父さんは、自分が四十〜五十歳になった頃には後をゆずりたいと思っていたけど、これは自分が最後までやらないといけませんね、とおしゃいました。子どもさんの話と、そこのところにズレがある。お父さんには二回しか会ってないんですが、息子さんの気持ちをお伝えしたら、お父さんは、自分が親からのプレッシャーで苦しんだばっかりに、継いでほしいけど、子どもに絶対言うまいと思ったことが、かえって息子を虐待していたんですね、とおっしゃって。難しいものだと思いました。

ー聴き手（以下聴）・家業を継ぐ・継がないというのは、親子二人の関係の問題ですよね。それが不登校につながってゆくんですね。

親に必要とされてないと思うと、他のことと重なったりして自信が持てない。どこかで、親の一言で自信が持てたり、持てなかったりしていくわけです。じゃあ、親から離れて、何でも好きなことをやれと言われても、やりたいこともなかなか見つからないし。この子は、長くカウンセリングに来てくれた子で、子どもの心の動きを本当に勉強させてもらいました。結果的には、彼が後を継ぐ気になっていて、お父さんはすごく喜んでいます。

ー聴・子どもの心の中で、気持ちを好転させるきっかけになったのは何だったんでしょうか？

長くいっしょに考えたことも良かったんですが、お父さんが変わって下さいましたね。ある時、彼がお父さんと車で県外へ行ってシャガール展を見てきたと言った時、彼が「あれ、すごく愛がある！」と私に言ったので、え？と思って、私は息子にメールをしたんです。「シャガールのどこに愛があるの？」って。そしたら息子が「馬が空を飛んだり、魚が飛んだり、あれ愛でしょう！自由でしょう！」と教えてくれました。彼はお父さんとシャガールの話をいっぱいしたそうです。本当の愛というものを親子で話せたんですよ。シャガールの結婚前の絵よりも結婚後の絵には愛があふれているって。お父さんも素晴らしい方でした。それは、彼が私にシャガールの話をしてくれなかったら解らなかったことです。

―聴・その親子にとっては、シャガールがきっかけになったということですね。やっぱり親が子どもにきちんと向き合うことですね。親の思いとか本音はきちんと伝えた方がいいんですね。

伝えた上で、知恵を与えるといいですね。誤解とか勘違いとかが子どもは多いのです。子どもの持っている情報は中途半端でしょう。幼いし親の状況も解らない。そういうことも含めて、誤解を解くというのはカウンセラーの大きな仕事だと思っています。子どもと親の仲介役でもありたいですね。

◆子どもの価値観を広げる

今からお話する子は、親からみれば、勉強はよくできてお手伝いもする子で、中学へは何の問題もなく上がりました。中学へ入ると、成績表が出たりします。できる子はちょっと誇らしいのですが、できない子からドッチボールが飛んできたり、後ろからつつかれたり足を踏まれたり、いやがらせが始まるんですね。そうすると、不登校になったり学校へ行きにくくなったり、不用心なことを言うと危ないと思っておしゃべりだった子が急に無口になったりして、家庭でそのことでぶつかるわけです。

―聴・成績の良いことがねたまれて、小さないたずらが深刻になってゆく。

家でも大事に育てられていて、怒られたこともない子が、ちょっと学校でいじめられたりすると、もうどっちを向いたらいいか解らなくなって、皆の方へ行かないように用心するという風になってゆくんですね。

―聴・こういう場合は、他人の行動は止められないし、どういう風にしていったらいいのか…

価値観を広げてゆくことですね。その子の勉強のことを褒めるのは当然として、それ以外のご挨拶が上手ねとか、姿勢がいいねとか、違うところの価値観です。ある日、小学校の時の作文を読ませてもらったら、思いやりがすごく伝わることが書いてあって、この文章、コピーして私に頂戴と言いました。そうやって違う価値観を認めてゆく。そういう中で私はよく自分の話をするのです。

私の家は、兄が勉強がよくできて、妹たちは美人で、私は運動しかできない子で、スポーツが得意だったんです。戦後は*女子プロ野球へ入りました。松山に女子プロ野球が来て、井関農機と鴨川中学と試合をしたんです。その時、募集があって、二十人位受けて、二人合格した中の一人が私で、東京へ行きました。そんな過去があるから、いろんなことがあってここへ辿り着いたということをいっぱい話しました。この子はちゃんとした家庭で育っているから、冷蔵庫に賞味期限切れの牛乳があったら投げつけたり、お父さんが大切に集めているものを燃やしたりして、自分のもっていき場のない思いがじわじわ伝わってきました。今は社会人として立派に働いていますが、一時は苦しみましたよ。

―聴・中学生の思春期の頃というのは、ちょっとしたつまずきとか、ささいなことでも、本人にとっては大きな傷になってしまうんですね。

私はいつも思うんですけど、私のやってきたいろんなこと、失敗とかがすごく役に立つんですね。私はそれが財産なんです。

―聴・今日は、勉強のよくできる子のお話でしたが、決して勉強ができない子だけではないんですね。悩みというのも千差万別なんでしょうね。

私たちは皆、ある時期までは親のコピーなんですね。考え方とか行動も真似るのです。それが、思春期頃から周りを取り入れて、コピーから脱出する、その頃の悩みなんです。ですから、不登校でも八、九歳からの子はそのあたりを見て判断してあげることが必要です。傷つきやすい性格もあれば敏感な子もいるので。

＊注・女子プロ野球は、昭和二十五年三月、日本女子プロ野球連盟が結成されてスタート。昭和三十四年四月に解散。以降ノンプロとして活躍する。

◆ちょっとからかったつもりが

A君はいじめに会って、登校をしぶるようになりました。その時お母さんはどうしてもその理由が理解できない。勉強も良くできて、人にいじわるをする訳でもなく、良い子のA君がいじめられる訳がない。だから登校刺激を繰り返す訳です。お母さんは、いじめは大したことないと思っているんです。確かに、大したいじめでは無いんですよ。ドッジボールが飛んできたり、つつかれたりという程度で、お母さんはそれくらい我慢しなさいよ、やり返したら？おとなしくしているからダメなのよ、くらいの問題だと思っていたんですね。

ところが、だんだん彼がイライラしてきて、お母さんに当たるようになってくるんです。家の本を裏に放り出して火を付けようとしてみたり、冷蔵庫や押し入れの物を放り出したり、物に当たるような行動を始めるんです。だんだんエスカレートして、お母さんは実家へ逃げて帰るような状態になってゆくんです。たまらなくなってお母さんと二人で相談に来られました。

彼には、箱庭*を置いてもらったんですが、猫がトラに追われているような箱庭を、いつも同じようなパターンで置くんです。箱庭というのは、置く位置でいろんなことが解ったりするんです。彼は、未来の方じゃなくて過去の方を気にしているんです。これは過去に何かあったんじゃないかと思いました。

彼との関係をだんだん作っていくうちに、いろんな話をしてくれるようになりました。A君は、成績が良かったけど、自分では威張っているつもりはなかったのに、つま弾きにされたり、無視されることがあったと。それから幼い頃、お母さんが働いていて、知り合いのおばさんの所へあずけられていた時期があったそうです。おばさんが、これあげようか？と言ったものを彼が取ろうとすると隠されたり、ちょっと蹴られて転ばされたりとか、おばさんは遊びのつもりだったんでしょうが、彼にはとても怖かったと言うんですね。

――聴・チョコレートあげようと言っておいて、すぐひっこめたりするような…

子どもは喜んで飛びついて、ころんだりするじゃないですか。もて遊ばれていたような気がして、その家に行くのがとても怖かったんだそうです。例えば、私の身長の倍の人が前へ来たらどうですか？　怖いでしょう。子どもから見たら大人は何倍でしょう。その人が優しくしてくれたらいいけど、そんな風にされたら本当に怖いですよね。ところがA君は、お母さんがお迎えに来た時に、ありがとうございますとうれしそうにお礼を言うのを聞いて、言えなかったと言うんです。言っちゃいけないと思ったと言うんです。それはとても辛かったんだと思うんです。

彼には、それがずっと溜まっていて、蓋をしていて、大きなトラウマになっていたんじゃないでしょうか。よく言ってくれたなと思って、長い間辛かったねと言うと、やっと言えたって。それがあるんで、友達にちょっとからかわれると、そこへフラッシュバックするんです。怖さは、

三、四歳のところへ戻るんです。その年齢では対応できないんです。そこで対応ができていたら、やり方を覚えるんですけど。

ー聴・幼い頃は、大人に対して何もできないですよね。無力だから。

だから、ものすごい恐怖心を感じていたのに、お母さんはうれしそうにお礼を言う。おばさんも良い子でいましたよと言う。そういう日々があったということです。私はよく出せたと思いました。いろんな絵を描いたり箱庭を置いたりすると、ゆっくりゆっくり出てくるんです。自分が受け入れられると思わないと、人は出さないんです。自分が出したら壊れるとか、受け止められないと思うと、蓋をしてしまうんです。だから、彼の場合は私も感動しました。

彼は、高校くらいまで何度も学校への行きしぶりを繰り返したんですが、ちゃんとした社会人になって結婚もしました。でも、お母さんには結果的には何も伝えてなくて、私のところで止めました。お母さんを困らせないというのが彼のステイタスかもしれないじゃないですか。自分がお母さんを守ったと。

ー聴・それが彼のプライドなんですね.

＊注・箱庭は、約50㎝×70㎝の砂が入っている箱の中に小さな玩具を並べて楽しむもの。心理療法として用いられることもある。

◆足の骨折が治ったのに登校しない

お父さんの転勤で、他の土地から地元に帰ってきた中学生のケースです。彼は二年生で、スポーツの花形選手だったのですが、骨折をしてしばらく休んだんです。お医者さんから、もう治ったからランニングの練習をしなさいと言われて、そのあたりを走ったりしていたんですね。それで、もう学校へ行けるという頃になって、足が痛い、痛い、と言い始めて、接骨院などでも診てもらってもどこも悪いところがない。治っていますというのに、痛いから走れないと。だんだん走らなくなって、部屋にこもっていったんですね。

お父さんとお母さんが心配して、相談に来られました。子どもは、姉と弟二人の三人のご家庭でしたが、こんな仲の良いご夫婦のご家庭で、問題のある子ができる訳がないと思うくらい、話す様子に信頼感がありました。

相談に来られたある時、奥さんがトイレに行かれた時、お父さんの頭に円形脱毛症が二、三個あって、あら、会社大変なんですか？　と聞いたら、いいえ、と言われる。円形脱毛症が、と言いましたら、いえ会社じゃないんですよ。会社へ行っている時が僕の一番楽しい時間です、と言われました。

次の回はお母さんだけが来られたので、お母さんに、お父さんは会社に行っている時が一番楽しいと言われたんですが、お家で何かありますか？とお尋ねしたんです。そしたら、お姑さんが、お嫁さんに台所を使わせないというんです。子どもも三人ですから、夕飯を作らないといけない時に、台所を使うなとお姑さんに言われる。お姑さんは自分の夕飯を作って、夜の八時頃になってやっと使わせてくれるんだそうです。それで、お父さんはビールを飲みながら待っていると、お姑さんはおかずをお父さんの所へ持っていくんだそうです。お父さんは、お嫁さんや子どもに気がねでたまらない。子どもも部活でちょっと帰りが遅くてお腹ぺこぺこで帰ってくる。

お母さんは、辛くて実家へ逃げて帰ったんだそうです。でも、両親とご主人に説得されて帰ることになって、また同じことのくり返しになったと。あの時、私が独り立ちして、アパートへでも行っていたら、帰らなくて済んだんだけど、失敗をしました、と言われるのです。それで、横に小さい台所を作ったらしいんです。そしたら、近所周りに言いふらして、また居づらくなっているのが現状ですと言われるのです。

そこで私が、そういう風にお姑さんと対決しないで逃げてばかりいたら、骨折が治っても子どもさんは学校に戻れないじゃないですか。お父さんやお母さんの真似をしているんですね、と言ったのです。そしたら、次から来なくなっちゃったんです。それですごく後悔して、余計なことを言ったかな、言うのが早かったかなと、ずっと気になっていて…

―聴・長谷川さんの一言で、またさらに悩みや不安が大きくなると、カウンセラーとしても責任を感じますよね。

三、四年経った頃に、その方を紹介してくれた方に出会ったんです。それで、その失敗を話したのです。気にしているんですと。そしたら、あら、あの家庭は、子どもと皆がいっしょになってお姑さんと対決して、うまくいったのよと言ってくれたんですよ。親子でおばあちゃんと対決したんだと。その話を何年も後で聞いたのです。今更、私の所へ来にくかったのでしょうか。

—聴・そういう風に、本当に苦しんで、家庭の中でいろいろ迷ったり悩んだりした方のほうが、最終的には立ち直ってゆく力が強いのでしょうか?

そうですね。仲の良いご夫婦だったからよかったのかなとも思います。円形脱毛症を見るたびに思い出すのです。

—聴・たしかに、カウンセラーの言葉というのは重みがあるし、その通りにやれば治るだろうという、相談者からいえば、期待感というのがあるから、そういう意味では、一言一言が大切ですね。

◆男のモデルとしての父

最近、父親不在とか、男の力が弱いとか、いろいろ言われます。でも、本当はもっと介入してほしいのです。お父さんにはものすごい力があるのです。いくつかのケースでお話しますと、「大嫌い」はだいたい「大好き」なんですね。だから、お父さんなんか大嫌いと言うのは、こっち向いてとか、本当は好きなんだけど僕のこと解ってくれてないとか、そういうことなので、大嫌いという言葉が出た時は、裏返して、大好きなんだなと思っていただいたらいいのです。でも、お父さんは子どもとの接触はどうしても少ないですよね。ですから大好きな父親に自分は気に入ってもらってないんじゃないかと、何でもない時に敏感に感じるんですね。それはダメだとか、ちょっとそこをどけとか言われただけで傷ついたり。

離婚をする話を両親がしていたために、勉強が手につかなくなって不登校になったり、非行のグループに入ったり、いろんな問題行動を起こす子どもが結構います。で、時間が経って後で本人に聞くと、お父さんの方へ行きたかったとか、お父さんは僕に何も相談してくれなかったとか言います。そういう時にお父さんはドライブに誘ったりして、あの時はお前が小さかったから言えなかったけど、ごめんなとか、一緒に買い物に行ってくれないかとか、お父さんの買う物を見立ててくれないかと言うことで、関係性を回復することが、特に男の子は大事ですね。

―聴・よく、娘はお父さんが好き、息子は父親を見て育つとか言いますが、反抗期とかいろいろあったりして、疎遠になりがちですよね。

子どもは親のコピーで生きてゆくでしょう。親が英語をしゃべれば英語をしゃべるし、言葉使いとか礼儀作法も全部真似るんですが、ある年齢がくると、男の子はお父さんがモデルですよ。お父さんがちょっと力を貸してくれると子どもがすごく立ち直るというケースは、男の子には多いです。

―聴・やっぱり同性の親子関係ならではのところもあるんでしょうかね。

そうです。お父さんは頑固な人が多いですね。我を通して、譲らなくて、子どもの方へ耳を傾けていただけない。お父さんに何かできることがあるか、とか、ちょっと言っていただけると、それだけで子どもは変わっていったりします。お父さんの力ってすごいなあと私は感じるのですが、いかがですか？

―聴・自分の場合に置き換えてみてもですね。娘と母親の場合は、話をしてゆく中で打ち解けたりします。男って、ぶっきらぼうなところがあるし、仕事から帰ってくるのが遅い。会話もなかなかしない。そうすると、気まずい、話しにくい、本音を出しにくくなる。お互いに。

父親の話し方と母親の話し方は違いますよ。ある男の子が、僕にお父さんがこう言ったというんです。「お母さんの言うことは正論だけど、男はそうもいかないよな」って。お父さんが僕にそう言ったといって、とてもうれしそうに話してくれました。どうですか？　そういう同性としての接し方ってあるんじゃないですか。

—聴・そういうところまで解ってくれるように息子がなってきたら、同感というか、子どもに対する感情も、何か少し、距離感が縮まります。

高校生くらいになったら解りますよ。そうですね。丁度、思春期から十五歳頃のだんだん難しくなった頃に、そういう言葉がすごく効果があるんです。言葉のかけ方ひとつですよ。

—聴・いろんな問題のケースをこのコーナーでご紹介していますが、結局は、本音で向き合うとか、目線を下げて、子ども目線で質問をしたり、気をかける。根本的な対処法・解決策というのは同じですね。

そうですね。ちょっと子どもの方を向いているかどうかということでしょうか。

◆お母さんの期待に応えたい

B子ちゃんは、県立高校へ通う高校三年生でした。ある日、コーヒー牛乳を二ダース、二十四本を一気に飲んで、大変なことになって入院、以来、不登校になっていてお会いしました。

―聴・何がきっかけになったんですか？

お母さんはとてもしっかりした方でしたが、何も思い当たることが無いようにおっしゃるんです。お会いしたB子ちゃんは、イライラしていて髪を触って抜くんですよ。で、何かの時に彼女が書いたノートを見せてもらったら、印刷みたいにきれいに書いてあるんですね。それで、もしかしたらと思って、いつもお母さんからきれいにしなさいとか、きちんと書きなさいとか言われているの？と聞いたら、ハイ！と言うんですね。お母さんに応えようと思って一生懸命にしてきたらしいんです。それをずっとやっていたらつらいですよね。彼女がコーヒー牛乳を大量に飲んだ日は、学校で彼女がノートに汚なく書く子に対してちょっと否定的な言葉を吐いたので、皆から反発されたんだそうです。B子ちゃんは、何できれいに書くことを勧めちゃいけないの！とイライラして飲んだらしいんですよ。

―聴・きれいに書くことは当然喜ばしいことですよね。親にも褒めてもらいたい、友達にも推奨する。まあ、良かれと思ったことが、周りからなかなか理解されないということですね。

はい、B子ちゃんはお母さんに似てきれいな子だったし、お母さんの期待に応えようとする仲の良い親子なんです。私がいつも思うのは、仲良し親子が友だちになるのはダメなんですよ。仲が良いのはいいんです。だけど、仲良しでいっしょにつるんだらいけないんです。親は親としてしつけなきゃいけないし、親子でないと。

―聴・一定の主従関係がないと、

ないとダメです。B子ちゃんは、顔もお母さんと似ていたんですけど、まあ、ここまで似ないといけないのかと思うくらいだったんですね。

―聴・実際にどういうお話をされたんですか?

この子はね、うちの確定申告の時に手伝いにきてもらったりしたんです。私が急いで汚なく書くのを見せようと思って。急ぐ時はきれいに書かなくてもいいんだよ、みたいなことをゆっくり解ってもらったんです。お母さんもきれい好きな方で、私はびっくりしたんですけど、このお母さんは疲れて帰った時、ソファにバサッと横になるのは嫌で、台所の柱にもたれて立って疲れを癒したという話を聞きました。だらしないのが嫌なお母さんなんです。B子ちゃんは時間は随分かかったんですが、少しずつ何年もかかって良くなっていきました。最終的にはこの子の不登校は解消して大阪の大学へ行きました。私は、子どもを私の家へ連れてくる時は、他の家庭を見てもらいたい子の場合が多いのです。自分の家だけの価値観の中で育った子に、違う家を見てもらう、こんなに違ってもいいんだっていうところを見てもらいたくて、これまで大勢の子どもをお預かりしました。

―聴・なかなかこう、自分の親と向き合うだけで、周りの家のしつけ方とか、そういうことが解らないので、他の家を参考にするとか、なかなかできません。周りをちょっと見ることも大切なんですね。

そうですね。家の中に他人が出入りする家がいいですね。アドラー*の有名な言葉に〝他者はあなたの期待を満たすために生きているんじゃない〟というのがあります。この言葉が私は大好きなんですよ。

―聴・他者というのは、他人ということですね。他人はそれぞれ違います。自分らしく生きることの方が大事ですよということでしょうか。

＊注・アドラーは、フロイト、ユングと共に、世界の三大心理学者の一人。
アドラーを紹介した岸見一郎氏の著書『嫌われる勇気』が大ヒット。

◆辛い時に笑うお母さん

子どもさんが不登校になっているお母さんが相談に来られて、辛い、泣きたいような気持だと話されるのに、顔がニコニコ笑っているんですね。二、三回来られた頃に、「お母さん、すごくお辛そうなのに、笑っていますね」と言ったら、お母さんはえ？っていう感じだったので、「でも、ずっと笑ってますよ」って言ったんですね。お母さんが、辛いことや悲しいことを言う時に笑っていたら、子どもはお母さんの本心が小さい頃から解らなかったんじゃないかしらと思って、どうですか？とお話をしたことがあります。

お母さんの話によると、お母さんにはすごく厳しいお姉さんがいて、その姉にきついことを言われた時は、負けず嫌いだったので、笑ってごまかしてきたんだそうです。いつも、いくら怒ってもあんたは言うことをきかないと姉さんに言われたけど笑ってごまかした、それでずっと笑うようになったんでしょうかって、ある時おっしゃった。

そして、私にペンを貸して下さいと言われて、手のひらに〝顔と心といっしょにする〟と大きく書かれて帰られたんです。それから意識をされるようになって、自分が何か言っている時に、顔はどうだろうかと思うようになられたそうです。この方は、だいぶ前にお会いした方ですが、お嬢さんが結婚した、子どもが生まれた、孫がこんなに大きくなったと、ずっと長い間連絡を下さいました。この方は、なかなか笑う癖が治らなくて辛いことを言おうとすると笑ってしまう。こういう風に本当の心と違う感情を出すことを専門用語では、「にせの感情」と言います。

━聴・作り笑いですよね。

そうですね。例えば、家に病人がいるから静かにしなさいと言ったら、お友達が来ても静かにしていて、いい子だと言われたら、静かにしている子がいい子だと思いますよね。逆に、デパートやスーパーで、駄々をこねたら何か買ってくれた子は、駄々をこねるということを覚えるでしょう。こういうのは「にせの感情」といいます。それが大人になってまで引きずっていると、よろしくないですよね。

━聴・この方は、そもそもお子さんの相談に来られたわけで、言ってみれば主役じゃなかったんですよね。だけど、長谷川先生がみると、お母さんの感情が顔と心で一致していない、そこがことの本質だということですね。

はい、そうです。

◆四人姉妹の要らない子

今日お話しする子は、四人姉妹の三番目で、親は男の子を期待していたのに女の子として生まれた子です。

その下の四番目の子もまた女の子で、この子は、下の妹をすごくかわいがるんですね。かわいそうに思って。この三番目の子だけが名前に「子」の字がついてなかったんです。自分だけに子がついてないから、私は要らない子だという風にずっと思いこんでいて、その誤解が解けてないんですよ。

―聴・長谷川さんのところへ相談に来たのは何歳の時ですか?

県立高校一年生でした。この子が学校へ行かないと言い出して、勉強もできる子だったので、親はなぜ学校へ行かないのか理解ができないということでした。ある時、お父さんにお会いして、どういうお子さんでしたかとお聞きしたら、四人の姉妹に何か買ってあげようとすると、彼女だけが要らないと言うんで、四つ買うより三つで助かるから何気なく買わずにいたというんです。そしたら、持ち物が他の三人とだんだん違ってくるでしょう。でも親は、この子はいろんな物を欲しがらない子だ、お金も助かるしと思っていたというんです。

そういうお話を聞いた後、彼女に話をきいたら、自分だけ他の子と名前が違うというんです。私は男の子と期待されていたのに女として生まれたから親は要らない子だと思っているんだというのです。それで、親に名前について聞いたんですよ。そしたら、あんまりかわいかったから「子」をつけないでお父さんの好きな漢字一字の名前にしたと言われるのです。

この子は、その後、高校を辞めて定時制高校へ行ったのですが、定時制高校からの帰りに公共の乗り物がなかったので、お父さんが毎晩学校へ迎えに行って下さいました。そこからこの子は立ち直ってゆきました。愛情確認ができたのです。これが大きかったですね。そこで親子の間の距離感が縮まって、深まったのですね。その後、大学を出た頃、彼女がぶらっと来てくれて、あの時、お父さんがああいう風にしてくれなかったら、ずっと心を閉ざしたままだったかもしれないと話してくれました。

━聴・名前が一人だけ違うということ、そこから欲しくてもいらないと言ったり、だんだん心を閉ざしてゆく。両親も娘のサインに気づかなくて、だんだんことが大きくなって初めて気づかれたということでしょうか。

自分が認められてないという感じですね。こういうケースに出会って、こんなことはないですか？　とか、言葉が足りないことはないですか？　とか、いろんな方に役立つのです。このケースからもいろんなことを教えてもらいました。

◆お母さんを守りたい

夢の中でおじいちゃんがこう言うの！と話すCちゃんのお話です。小学校一年生のCちゃんは、夏休み明けから朝起きられなくなって、学校へ行くのを渋りはじめました。このお宅は旧家で、村のことを全部仕切っているようなご主人がいて、お母さんは周りの人から、あなたが甘やかすからこんなになるんだと叱られて、ほとほと困って相談に来られました。

Cちゃんはスラリとした可愛い子でした。お母さんもきれいな方で、仲の良さそうな感じだったんです。Cちゃんは私に会った時、自分の名前はね、桜が咲いていてとてもきれいだったから付けてくれた名前なのよ！と、とても上手にお話ができる子で、何の問題もないように見える子でした。学校は嫌いなの？と聴くと、ううん、と首を横に振るんです。何か学校で嫌なことがあるの？と聞いても、無いよ、と言って、何故学校へ行かないのか判らないんです。

これはお家に何かあるに違いないと思って、お母さんに、何か心配事がありますか？と聞きましたが、別に何もありませんと。でもありそうなんですね。ご主人はどうですか？と聞くと、会社の社長で地域を仕切っている、なかなか偉い方のようでした。お前が甘やかすから行かないのだ、俺が行かせてやると言ってお父さんが学校へ連れていったこともあったそうです。Cちゃん、そんな日は登校しても、さっさと学校から帰ってくるんだそうです。そのことはお父さんには内緒にしているんですとお母さんは言います。周りはお父さんに気を遣って、なかなか厳しそうなご家庭だなという様子が垣間見えたんです。

何回目かの時に、Cちゃんが私の横へ来て小さい声で、「あのね、私、毎晩おじいちゃんとお話するのよ。」と言ったんです。おじいちゃんは半年前に亡くなっているんです。毎晩なの？と聞くと、「うん」。いつ頃からなの？「夏休み頃から。」と言うんです。内容は話してくれないのです。その時Cちゃんは、「このことはお母さんに話してないからね。」と言うので、解った、言わないよ、と約束しました。

そんなCちゃんでしたが、ある時「おじいちゃんがいつも夢で『お母さんを大事にしなさい。良く見ているんだよ。』と言うの。」と言うんです。お母さんを見ていないといけないから学校へ行けないの？と聞くと、「うん。」と言うんです。そこで私は、お母さんが家の中で皆に疎外されているんではないかと想像したんです。

それで、お母さんに、Cちゃんをしっかり抱いてあげてくださいとお願いをしました。Cちゃんは、おじいちゃんの言っていることをお母さんに言えないんだから、お母さんが、私は大丈夫よって伝えてあげて欲しいと。何か心配なことがあるの？私は大丈夫よって。

そのうち解ってきたことは、大家族の旧家で、やはりお母さんは孤立していたらしいんですね。しきたりのうるさい家で、小姑さんもいて、おじいちゃんが唯一の味方だったみたいなのです。

お母さんは周りの人の顔色ばかり気にして、自信を無くしていることが判りました。

そこからお母さんのカウンセリングを始めました。お母さんも少しずつ変わってこられて、自分の自信のあるところと、困っているところの整理をしていったんです。Cちゃんには、あなたが学校へ行くとおじいちゃんは安心して出てこなくなるよって言ったら、私の言うことを信じてくれて、学校へ行くようになってくれました。敏感なCちゃんが勝手に見た夢だったんですが、夢というのは、その人を助けるために出ていることもあるんだそうです。

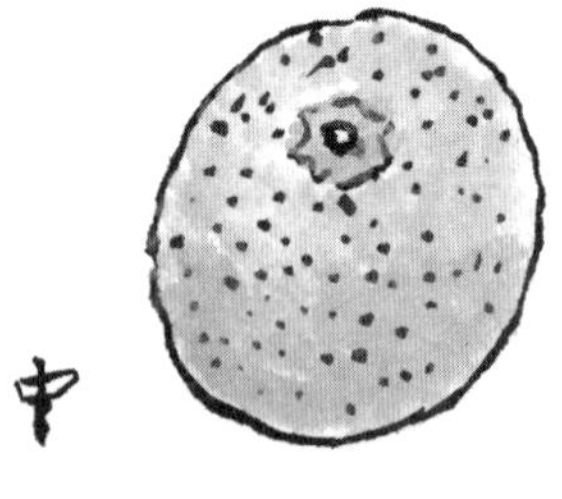

◆無条件の触れ合い

子どもが学校へ行きにくくなってくると、親は自分が責められているような、自分が子育てを失敗したんじゃないかというような思いがあって、あの手この手で行かせようとします。そういう時に、携帯を買ってくれたら行ってやるよ、みたいなことを言う子がよくいます。何か条件をつける。

―聴・ついつい親は、おまけであるとか、餌を与えて子どもの気を引くとかいうことは、割合定番のように思うのですが、こういったしつけ方はあまり良くないということですか？

そうですね。私たちは心理学で交流分析*という技法を使うのですが、交流分析では、「触れ合い」のことを「ストローク」と言います。このストロークには、プラスのストロークとマイナスのストロークがあります。中には、条件をつけて、百点を取ったら何々を買ってあげるとか、お前はいい子だから好きという風に、条件をつけてストロークを与えることがあります。条件つきのストロークとそうではない場合では随分違うんですよ。

―聴・ストロークという言葉は、スポーツではよく使いますが、カウンセリングの中での使い方はどういう意味になりますか？

どのように親子が触れ合ったかということです。条件をつけて触れ合っていると、子どもは大きくなってからまるで仕返しみたいに使うんですね。ひどいケースになると、あれ買えこれ買えと言って、絨毯を全部買い替えさせられたとか、自動車も何回も買い替えさせられたとか、二千四百万円の絵を買えといったケースは有名です。どんどん要求が高くなってゆきます。

小さい頃に、勉強したから良くできたねと、ご褒美におやつをいっしょに食べようというのならいいのですが、百点取ったらお小遣いをあげるみたいに、条件をつけることを習慣化すると、子どもは大きくなってから親にしっぺ返しをするわけです。ある子は、窓際に道があるお父さんの部屋と自分の部屋を取り替えてくれたら登校すると条件をつけてきた。それは、窓から外へ出て行こうとしているわけで、そういうこともありました。よく聞いてみると、小さい頃に、いや条件なんかつけていませんと親は言うけれど、つけているんです。自分では条件をつけて育てたつもりはないのだけれど、お使いに行ってくれたら何かしてあげるとか、宿題をしたらあれを買ってあげるとか。

—聴・今考えると、僕は条件づけでやる気を起こさせることばっかりです。これをやったら遊んでいいよ、とかいうのも条件づけですよね。これ食べたかったらこれをしなさい、これができたらこのお菓子を食べていいよとか、まさに条件づけばかりです。

一年に数回ならいいけど、しょっちゅうやっていると、大人になった時に子どもの方が親に条件をつけてくるんです。いくらプラスの条件でも条件はよくないのです。

—聴・では、どういう風にすればいいのですか?

無条件の、体に触れる触れ合いですね。抱っこするとか、握手するとか、背中をさするとか、こういうのは嫌いな人にはできないですよね。だから、あなたが大好きよが伝わるでしょう。

—聴・ボディタッチですね。

はい、それが体への「マイナス」だったら、叩くとかつねるとか、押し入れに入れるとか、あります。精神的な「プラス」だったら、褒めるとか、認めるとか、微笑みかけるとか、挨拶とか、じっくり話を聞いてあげるとか、意見を尊重するというのがあります。これが精神的な「マイナス」になると、悪口をいう、叱る、嫌味を言う、返事をしてやらない、聞こえないふりをする、欠点ばかりを指摘するとかになります。

ストロークつきの話を先ほどしましたが、条件にもマイナスとプラスがあります。マイナスの条件といいますと、例えば、勉強をしない子はきらいとか、はきはきしないからあんたはダメなのよとか、嘘をつく子は嫌いとか。嘘をつくのは良くないけどあなたは大好きよ、じゃないとね。嘘をつくことで全人格を否定してしまうのはよくないでしょう。はきはきしないからダメと言われても、ゆったりした、少しのんびりした良い子かも知れません。だから、部分を全人格として条件をつけるのも良くないですよね。

—聴・その、はきはきしないとか、勉強しないとか、それ自体はたしかに良くないので、その点には当然注意が必要ですよね。だけど、それをもって全て嫌いだとか、ダメだとか…

子どもは、その時点で、ああもうこれで嫌われた、お母さんは僕が大嫌いなんだと思ってしまうのです。だから、あなたは大好きなんだけど、ちょっとそこだけはやめてほしいと言わないといけないと思います。そして無条件で、何でもいいからあなたが大好きと伝えることです。有名な話に、乙武君[*2]が生まれた時に手や腰から下は無かったけど、ご両親は、何てかわいい私の子と言って本当に普通に愛されたそうです。無条件ですよね。このように大学へ入っても入らなくても貴方が大好きよという気持ちが子どもに伝わっていればいいんですが、お前なんか何の良いところもないとか、大学へも行けないやつなんかダメだとか、学校へ行かないのだったら出ていけとか、言う方もいます。

—聴・プラスとマイナス、精神的と肉体的、条件つきと無条件、いろいろな触れ合いがある中で、まずは、プラスの触れ合いをいかに心がけるか。でも条件つきのプラスは、少し気をつけた方がいいということですね。そういう、親から子への伝達が子どもを傷つけてしまったり、苦しめたりするのですね。

それで人格を作ってしまったりします。私はいつもお願いするのは、犯罪は叱らないとダメですが、命を粗末にするとか、犯罪以外はたいていOKですよと言います。犯罪に繋がりそうなことは、しっかり話し合ったり、叱ったりしましょう。

＊注・交流分析は、性格やコミュニケーションのあり方を分析するなどして問題の改善をはかる治療体系。
＊注2・乙武君は、「五体不満足」の著者、乙武洋匡氏。

◆お母さんが心配で

幼稚園に行きたくないDちゃんがいて、おばあちゃんが一緒に行くから行こうと言っても、嫌がるんですね。お母さんが相談に来られました。お父さんが相談に行ってこいというから来ましたというのです。でも、お母さんからはDちゃんのことがあまり伝わってこないのです。

その後、ある夜、Dちゃんから電話がかかってきたんです。Dちゃんは五歳でした。びっくりして、どうしたのと聞いたら、「今、お父さんがお母さんをいじめています！」って言うのです。そしたらパッとお父さんが出て、「先生大丈夫です、ドッジボール、ドッジボール。」と言って切っちゃったんです。その後、お母さんが来られた時に、DV*が解ったんですね。Dちゃんは、お母さんが殴られたらいけない、守らないといけないと思って幼稚園へ行けないんですよ。

―聴・それが不登園の理由だということですか？

はい、お母さんによく聴くと、お母さんはお父さんにピリピリしているんですね。Dちゃんはお母さんが心配で仕方がなかったんですね。このケースでは、毎晩お母さんにDちゃんを抱きしめるということをやってもらいました。小さい頃のやり直しをしてもらったんです。もう、ずっとご主人の方へ気を取られていて、娘を可愛がるということが中途半端になっていたんです。それで、抱きしめるということで取り戻してもらいました。幼稚園へは行かなかったのですが、小学校へはお母さんがついていって、窓の外から見てるから大丈夫よと言って見守りました。この方とは二、三年おつき合いをしましたが、お母さんが本気で関わってくれました。このお父さんはＤＶがなかなか治らなくて、最後に離婚されました。

―聴・幼稚園の子どもさんのことでカウンセリングに来るケースもあるんですね。

ありますよ。Ｅ君という男の子は、お父さんとお母さんがケンカしているのを見て、別れると思ってしまって、自分が幼稚園へ行っている間に別れたらどうしようと思って、登園せずに監視していたというお話もありました。うかつにそういう話をしないようにしてほしいと思うのです。子どもは断片的に話を聞くでしょう。事情が解らずに、子どもは聞いたことだけで膨らませてゆくんです。それで不登校になったという子は結構多いんです。

―聴・自分の悩みではなくて、親をおもんぱかって守りたいが故の不登校ということは…

親を守るというよりは、自分のいない間にお母さんがいなくなったらどうしようという不安です。お父さんを好きな高校生の子でしたが、自分が十歳の時に別れてお母さんの方へ預けられたけど、自分に相談してくれなかった、自分はお父さんについて行きたかったと、高校生の不登校の時に言うんです。あなたは何の科目が好きなのって聞いたら英語だと言ったんです。英語で将来仕事をしたいと言うんです。良く聞いたら、お父さんが海外へ行く人だったんですね。この方の時は、お父さんに来ていただいて、お父さんとの交流を復活してもらって学校へ行くようになったというケースです。不登校は根が深いから、根っこの問題を解決してないと、何回でも出てくるんですね。

―聴・カウンセリングで相談に来られた場合、やはり困っているところを聴いて、その根っこを改善してゆく、あるいは取り除いてゆくということが一番大事なことですね。

友だちから認められたくて、いじめの標的になった男の子がいたんですけど、お母さんが心配するから言えないでいて、ずっと標的になっていて、だんだん人間関係ができなくなっていって、不登校になったという子がいます。でも、友達の中にいたい、認めてほしい、だからいじめを我慢していたというのです。これも関係ができてから話してくれました。最初からは見えないんですよ。

―聴・子どもの頃、トラウマ的なことが起ってしまうと、大人になって、恋愛・結婚という年齢に応じた自然な対人関係、異性関係に、偏向したような形になって出てくるんでしょうね。

そうですね。蓋をしたりごまかして生きてきたことが、何かのきっかけで爆発したり非行に走ったり、不登校になったり、心身症になったり、いろんなことになってゆくようですね。

＊注・ＤＶは、ドメスティック・バイオレンスの略。
配偶者や恋人など、親密な関係にある人による暴力。

◆淋しかったんだもん

Fちゃんが、お友達の家に行って帰ってこないということが度々あって、その後不登校になったとお母さんがご相談にみえました。Fちゃんの家ではご両親の仕事がとても忙しくて、家族が一緒に食事をすることが稀なんです。Fちゃんには高校生の兄と姉がいて、Fちゃんは中学一年生です。末っ子のFちゃんをお兄ちゃんとお姉ちゃんは子ども扱いして、あまり話をしてくれない。それで、Fちゃんは寂しい思いをしてきたようです。お母さんは、おとなしい子で何の心配もしてなかったとおっしゃいます。

Fちゃんは友だちも少なくて、あまり上手にしゃべれない。何かを言おうとすると、人の話を聞かずに一方的にいっぱいしゃべるから、嫌がられるんです。だんだん一人ぼっちになることが多くて、学校がつまらなくなっていくんです。そんな時、学校の保健室でGちゃんと知り合って、Gちゃんのお家へ行くようになって、そこで漫画の話で盛り上がったり、テレビを一緒に見たりして、とても楽しかったと言います。二人で笑いころげていて、帰らなかったりしたんだそうです。

お母さんはGちゃんのお家へ行ってFちゃんが笑いころげているのを見て、本当にびっくりしたそうです。家では邪魔にならないおとなしい子だのに、まるで別人みたいだと。そういう別人になる時は、キャラ笑い*なんかして、半端じゃなくなるんですよ。普通ができない。加減が判らないんです。お母さんはそれを見て、これは駄目だと思ったそうです。

　そこで、お母さんにお願いをしました。家族で週に一回でいいから、三十分でいいから、一緒にいる時間を作ってみませんかと。ご両親は、上の二人が続いて大学へ行くので、学費を稼がないといけないと焦っていたんですね。そういう中で、家族を取り戻すのは今しかないと気づいて、お母さんは覚悟をされました。そこで、家族会議を開くことになりました。

　一回目の家族会議には、私ともう一人のカウンセラー二人で参加させてもらいました。家族会議をする時は必ず二人がつきます。一人は進行する話の流れに乗ってゆきますが、もう一人は、話から外れたり、困っている人がいたらフォローしないといけないので、その役割をします。記録を取ったりすることもありますが、家族と向き合う時は二人で参加するというのが基本です。その席で、一番最初にお母さんが、仕事仕事で家族の時間が少なかったけどごめんね！とおっしゃったんです。そうしたらお父さんが、「僕は皆大丈夫だ、と心配してなかった。寂しい思いをさせたことなんか気付かなかったよ。」と言ったんです。

　親は、三人の子どもを大学にやろうと思ったら今のうちに働いていないといけないと、きっとどこかで言っていたはずなんです。子どもは親の気持ちが解るから、しょうがないなあと合わせてきた。帰る時間は皆違うからご飯もバラバラで、Fちゃんは問題を起こすことでメッセージを出していたということです。

家族会議でお父さんとお母さんがそういう風に言うと、きっと反論が出るだろうと私たちは思っていたんですが、違っていました。一気に皆が話し出したんですよ。文句を言うんじゃなくて、お母さんもお父さんもびっくりする程いろんな話が出てきました。常日頃思っていたことをここで出してもいいんだと思ったんでしょうね。こんな時に親が、こんなに一生懸命やっているのに文句あるのか？などと言ったら、子どもたちはしゃべらなかったと思います。聞いていて、子どもたちは本当に両親との時間が欲しかったんだと思いました。話が弾むのを見て、私たちの役割は終わりにしたんです。

このご両親は、皆がワイワイ話す時間が必要なんだということに気付かれました。その後も、全員が揃わなくてもそういう話し合いの時間を作られて、とてもいい家族になりましたと、お母さんからご報告がありました。Fちゃんも元気になりましたよ、と。

＊注・キャラ笑いは、心にもなく高い声でカラカラと笑うこと。
　キャラクターのように笑うこと。

◆問題のないようなご家庭で

一見、何の問題も無いようなご家庭でも、不登校になったとか、悪い友達と出歩くようになったとか、夜遅くまで起きているとか、いろいろ問題が起きることがあります。ところが、親子を見ていると、仲がいいいし、いい子だったりして、全然問題が見えない。そんな家庭での解りやすいケースをご紹介します。

ある、松たか子によく似たとてもきれいなお嬢さんが来ました。勉強もよくできて、県立の学力の高い高校へ行っている子です。その子がお母さんに急に突っかかるようになって、学校へも行きにくくなったりして、不登校傾向になって相談に来られました。その時に、お母さんはとてもおしゃれな感じなのに、お嬢さんはスポーティな色のない服を着ているんです。お母さんとの問題は全然見えなかったんだけど、話を聴いてゆくと、小さい頃からお母さんがいたらそれだけでいい子で、学校からも飛んで帰って、お母さんといっしょにいるのが大好きな子だったそうです。

中学の終わり頃からだんだん友達ができにくくなって、友達とのつき合い方が解らなくなっていって、そしてお母さんに反発を始めるんですね。反発するけど、好きだからお母さんに言い負かされる。そしてお母さんになびいてしまう自分がはがゆくて、抵抗する時に、お母さんが買った服を着なくなるんです。お母さんが可愛い服を買えば買うほど、地味な服を着て、そういうところで抵抗していたっていうのが解ってきました。そういう風に地味なものを着たらお母さんに抵抗した気になるの？って聞いたら、そうだと言うんです。やはり、人間は出すべきところで感情を出さないと、他で出すんですね。小さい頃から言いたいことを我慢していると、肝心なところで言えないから、形が変わったり、出し方が下手だったりします。反抗もあると思います。

私のことで言うと、私が三歳頃、家の近くの橋を母に手をひかれて歩いていると、後ろから来た女の人が追い抜きざまに、まあ、なんてかわいい、と言った後に、お洋服だこと、と言ったというんですね。それを母がおもしろがって言うんです。私が不細工だったからお洋服がかわいいと言ったと。私は、母がその話を百回位話したように思っていましたが、母は三回位しかしてないと思うんですよ。私は絶対派手なものを着ません。そういう話は影響力がある。だから人間はいろんなところでいろんな影響を親から受けて、そこでしか見分けができないことがあるんです。いろんな事件を見ても、いい子だったとか、何の問題もなかったといっても、どこかで感情を押さえたり、ためこんだりしているというのは事実なんですよ。

—聴・今回の事例は、親が子離れしていない、子が親離れしていないために、本来は親子の問題なんだけど、それが学校や友人関係に影響してしまうという。

お母さんは悪気がないから、気づかないんです。大切に育ててきた、だけど子どもがいろんなところで抵抗しているところは見えると。お母さんにちょっと引いてみて下さいますか？とお願いしました。でないと、お母さんも良かれと思ってやっていますから。

最終的には彼女は学校へ戻りましたが、学校へ行き始めたある日のことです。彼女は明日試験だから早く帰ろうと思ったんですね。そしたら、門の所でおしゃべりをしていた四、五人に、あんただけ先に帰るの？と言われて、だって明日試験でしょ！と言うと、え？あんただけ早く帰って勉強するの？と言われたそうです。彼女は自分が不登校だったので、勉強がついていけてないから早く帰って勉強しようと思ったのに、お友達にそう言われたと。その晩、私に電話してきて、もう泣いて泣いて、明日また学校へ行きにくくなったと。その後、話し方の勉強とか、アサーショントレーニングとかの講座にも出てもらったり、いろんな勉強会にも出てもらいました。その後、元気になって大学へも行ったんですけど。

――聴・こういう親からの自立に対しては、どういうアドバイスが的確なんですか？

このケースは、お母さんは変わらなかったんです。子どもが熱心にカウンセリングに来て自分の人間関係、お友達作りとか、言いたいことを言えるように練習するとか、前向きに努力されました。親御さんの協力がいるケースと、本人が抜け出すケースがあります。小学生とか中学生ではまだ親御さんの協力がいります。でも高校生になってくると、自分で越えてゆかないと。親から離れる年齢ですからね。

◆いつも嫌な気持ちになる会話

話していると、なぜか後でいつもいやな気分になる会話、ありませんか?

—聴・ありますね。人と自分のことを批判されたり、揶揄《やゆ》されたり、自分の思い通りに会話が進まなかったりすると、誰だってうまくいかないなあって気分になりますね。

そういう風になる相手がいますよね。誰とでもなるのではなく、○さんとはそうでもないんだけど、○○さんとはいつもなるみたいな。じゃあ、なぜそうなるのかということ。そういう相手とどう関わったらいいのかを今日は一緒に考えてみたいと思います。

例えば、息子が朝起こしてと言うのでお母さんが起こしに行ったら、うるさいとか来るなとか言ったり、布団をかぶってしまったりして、お母さんは、昨日起こしてと言ったでしょう! と言って、カーテンをパッと開けると、開けるな! と言い返す。お母さんは一旦あきらめるんですが、その後何遍も部屋へ行く。そういった同じ繰り返しを毎日やっている家庭があります。

—聴・これは、恐らく日常茶飯事にどこの家庭でも繰り広げられている光景ではないかと思うんですが。

相手がお父さんだったら言わないけれどお母さんが行ったら言うという場合もあるんですよ。

この場合はお母さんに何とかしたいという気持ちが強いんですね。で、前の日に約束しているから起こしてあげようと、親切すぎるというのがあるんですね。

もうひとつ、その裏に、いつの間にかお母さんの側が自分の思うようにしようとしているという面もある。そういう時に、お母さんがお父さんに頼むと、お父さんとはやらないんです。だってお父さんは、おい起きよ！と言ったらもう行っちゃうんですよ、会社へ。しつこくないんですよね。お母さんは何度も、遅れるよ！とか、何遍言ったら分るのよ！とか、言いますよね。お父さんは言わない。例えばお姉ちゃんでも言わないですよね。もう知らないよ、私起こしたよ！と言って行く。会話が続かないんですよ。

―聴・人によって確かに言い方が違います。お母さんはどちらかというとしつこく、何回もくどいくらいに言うのがまあ一般的なパターンじゃないかなと思いますね。

これは、言ってみるとお母さんが「カモ」になっているんです。私の娘が小学校三年の頃に、その頃はこういう対処法も何も知らないから、どう止めるか何も知らなくて、娘があんまり起きないので、約束したことがあるんですね。一回しか起こさないと。じゃあいいよ、一回でいいよ、って。

でもね、一回起こしても寝るんですよ。でも放ってたの。そしたらね、一週間位遅刻して行ったんです。その後、自分で起きだしたんですよ。その時に私は学んだんです。また起こしてくれると思うから起きないんで、一回しか起こしてくれないと思ったら自分で起きて行くなと。でもその時はね、前もって先生には言っておいたんです。娘と一回しか起こさない約束をしましたので、ちょっと遅れるかも知れませんと。先回りして先生に伝えた上だったんですね。心を鬼にして、そんなことをしたことがあったんです。

今の学校だったら先生にお願いをしてもだめかなと思うんですよ。今、五十歳になる娘が小学生の頃は、学校と親との関係がもっとのんびりしていたと思うんです。今、私の話をラジオで聞いて、早速一回しか起こしませんから明日から遅れるかもしれませんと先生に言ったとしたら、どれくらいの先生が聞いてくれるのか解りません。だから、あまり参考にならないかもしれません。ですが、いやな気持ちになるような会話を切る方法はあるんですよ。

例えば、起こしましたよ、もう来ませんよと、その時に言うんですね。それを前の晩に本人に言っておく。だけどきっと聞かなかったとか、聞こえなかったとか、おそらく言うでしょうね。ですから必ず「起こしましたよ。」と確認して、「お母さんはもう来ないよ。」と言って、思い切って終える。これは低学年の方がいいですよ。小さい時に習慣をつけた方がね。

親子の会話は、時に厳しくしたり甘えたりしますが、時にはそれがエスカレートして、言い合いになったりもします。またそれが日常化したり。そのような時は、嫌な思いが残らない、感情的にならない会話をするといいです。対等でフラットな立場の会話ですね。大人の会話は、比較的合理的で冷静に事実だけを返すんですが、お母さんと子どもの会話には、これが無いんです。

この冷静な、事実だけを返すという会話を日常で練習したら、もう簡単なんですね。疲れた、って帰ってきたら、お疲れさまでいいんですね。それを、遅いね、何してたのよとか、そんなことしたからよ、とかね、早く手を洗いなさいとか、いらないことをいっぱい言うんですよ。そうなると、関係は悪くなりますね。例えば、テストの点が悪かった時、だから勉強しなさいと言ったでしょうみたいな。そうじゃなくて、あら残念ねとね。

―聴・時には、親子であってもフラットというか、同じ目線に立ったような会話をするのも…

いやな会話が続いているとしたら、断ち切るためには、そういう風な感情を入れないで冷静に返すと効果があります。

◆いじめによる傷の深さ

高校一年生の冬に、学校から帰ってきたJちゃんは洗濯をしようとしていて、お母さんに見つかりました。お母さんは専業主婦で、全部洗ってあげていたのに何で汚れたんだろうと思って近づいていったんです。見ると、今日着ていった厚手の制服を洗濯機に入れようとしているので、それを洗濯機で洗うと型崩れをしてしまうからダメよ！ どうしたの？ どこが汚れたの？ 見せてごらん！と言って止めたんです。そしたらJちゃんが泣き出してしまったんです。

お母さんはJちゃんが落ち着くのを待って話を聞いたら、友だちに臭いと言われたらしいんです。お母さんがいくら嗅いでも何も匂わないので、何も匂わないよって言うと、一か月くらい前から、あれ？ 変な匂い、とか、誰？とか、何人かが言うんだそうです。いやねえ、変な匂いをさせて、と。誰が言うともなく言っているのを聞いて、誰だろう？ 私は匂わないよ、みたいなことを思っていたら、自分の方を見てコソコソ言っている感じがするんです。で、気になり始めるんです。

だんだん、あからさまに横を避けていったり顔を背けたり、横を通る時にああ臭い、と言ったりするようになったので彼女は、私何か匂うの？って聞いたんです。そしたら、ああ、あつかましい！と四、五人からあからさまに言われたんだそうです。だから今日、洗濯機で洗うんだと。

―聴・今頃のいじめって、陰湿なんですね。高校一年生の頃って、臭いがとても気になる頃なので、これはきついですね。

お母さんは学校へ掛け合いに行ったんです。だけど、知らないという生徒ばかりで、誰もそういうことを言っている様子がないので、気にしないで下さいと言われたんです。おまけに、彼女の妄想じゃないかとも言われて、病院へ連れていっては？　と言われたんだそうです。先生から見ると、言っているとは思えないということなんです。そういうことが無い方がいいと思う先生は、あまりしつこく調べない。クラスでそんなことがあっては大ごとだと思うのでしょうね。

お母さんは制服をクリーニングに出して、その間休ませてから学校へ行かせたんです。が、横へ来ると友だちは臭そうな顔をしたり、わざと避けたり、臭いとは言わないんだけど寄ってこなかったり、あからさまな態度をとるんです。先生に告げ口しただろうということなんですね。だんだん彼女は学校へ行けなくなるんです。最初の頃は頑張って行っていたんですけどね。このようないじめられ方をすると、心の傷つきが大きくて、長引きます。特に、匂いというのは良くないですね。

―聴・人格を傷つけられる以上に、ダメージが大きいですね。

彼女は心療内科へ二年以上通いましたが、それでも自分が匂っているのではないかと思って、街へ出られなかったり、人中へ行けなかったりして、なかなか自信が持てなかったですね。彼女を見ていて、こういうことの傷つきの深さを感じました。こういう時、早く対処してあげることが大事です。学校の先生が、自分には全然匂わないよと。何かが気に入らなくて言っているので、あなたが匂っているわけではないよ、と言ってあげてほしかったですね。

―聴・彼女の言っていることをまず受け止めてあげる大人がいたら良かったですね。

私が一番お願いをしたいのは、早期発見と、心療内科やカウンセリングできちんと対応してあげてほしいということです。それが、早く楽になる方法ではないかと思います。

◆子どもが学校へ行くのを渋る時

希望する高校に入って元気に通学をしていたK子さんのお話です。元々おとなしい子だったんだけど、お母さんが、あれ？ 何か変！ と思ったくらい最近暗い顔をしていて、話しかけたことには返事をするんだけど、自分から積極的にしゃべらなくなったということで、ご相談に来られました。

子どもの暗い顔を見るのが辛い、お料理も一緒にしてくれていたのに、とお母さんのお話でした。本が好きで将来は出版社で働きたいという夢もあったK子さんでした。何があったの？ とお母さんは何度も聞いたらしいんですが、言ってくれない。どこか具合が悪いのかなと様子を見ているんだけど、いっこうにその様子もなくて、この二、三日は学校を休んでいる。どうしたらいいか解らないということでした。

子どもさんの変化は、案外簡単に見分ける方法があります。毎日、行ってらっしゃいと送り出して、帰って着た時、目を見てお帰りと言うと、目がウルウルとしたり、目をそらしたり、そういう風に顔を会わせられないとか、日常のわずかなことを観察していたら、子どもの変化に気づくはずなんです。何か問題がある時に、そういう子ども変化を見抜けないといけません。それを迂闊に身過ごすようなこともあります。

子どもが学校へ行くのを渋る時は、登校刺激をしないで下さいと、私はいつもお母さんにお願いをします。エネルギーを貯めましょうと。学校へ行くことでエネルギーが減っているんだと思うんです。何らかの形で。だから、ちょっとゆっくりさせて、まず様子を見ましょうと。ご飯をちゃんと食べているか、ちゃんとお風呂へ入っているか、夜は眠っているか、トイレはとか、日常生活をちょっと見ていて下さいませんかと。

また、最初の頃は、学校のお話以外で乗ってくるようなお話はいいけど、刺激になるようなことは向こうから言わない限り避けるということも大事です。お母さんが自分のことを気づかってくれている、心配をしてくれていると、それで解るんです。だから、子どもも落ち着くんです。お母さんに席を外してもらって、K子さんの話を聞きました。

まず落ち着かせましょうと協力をお願いしました。一週間位して親子で来られたんです。お母さ

彼女の話では、学校の廊下で、すれ違う時に、死んだら！と言う声が聞こえてくるんだそうです。最初は空耳かと思っていたんですが、だんだんある子が自分に言っていることが解ってきて、先生に言ったんです。先生は、じゃあ遠くから見ていてあげるからと言ってその子とすれ違う所を見ているけど、何も言ってないよと言うんです。相手は口を開けてないんです。だから遠くから見ていても解らない。それでもとK子さんは言ったんだけど、あの子が言うはずがないと言われて。

でも最近では、死ね！くらいに短くなってきて。この話をする時、K子さんは涙ぐんで、辛くてたまらないという感じでした。言われる理由が解らないと言うんです。どうして「嫌だ」と言わないの？「なぜそんなことを言うの？」と言わないの？と、そんなことをK子さんと話しました。小さい頃はどんな子だったの？とか、今まで嫌なことあった？とか、そういうことを聞いていると、K子さんは今まで何事に対しても事無かれ主義の生き方をしてきたという自分に気づくんです。で、必要な時には言えるようになりたいという考えが出てきたんです。

最近、解決指向[*]でよく使われるんですが、どうしたいの？どうなりたいの？とか聞くんです。K子さんにも、どうなりたいのかなあとか、どうしたいの？と聞くと、「嫌だ！」と言いたいって言ったんです。じゃあ、嫌だという練習をする？と聞いたら、するというので、彼女の場合はアサーショントレーニング[*2]をしてもらいました。アサーションというのは、あなたも言う権利がある、私も言う権利がある。あなたも言わない権利がある、私も言わない権利があるといった、非常に奥深い理論で、対等な会話なんです。

──聴・K子さんは、そんな嫌なことを言われても、嫌だと言えなかったんですね。

なぜ言えなかったのかに気づいてゆくんです。小さい頃からK子さんが何か言うと、お母さんがうるさく言うらしいんです。言うと大げさに反応するお母さんなので、言わない方が平和でいられる。

──聴・K子さんなりの防衛本能だったんですね。

そうなんです。だから、今回のこともお母さんには話さず、自分で先生に言っているんです。お母さんに言ったらどんなに話が膨らむか解らないので。だけど、自分が言わない関係を作ってきたんだと気づき始めるんです。これが彼女の大きい第一歩でした。彼女は一生懸命練習して、学校へ戻ってゆきました。

―聴・何でその子がそんなことを言ったのかということに立ち向かう前に、自分のエネルギーをつけていったということですね。

多分、友人の方が問題を持っていて、根が深い問題だと思います。K子さんは勉強が良くできたから、妬けていたかもしれないし、相手の問題は解らないでしょう。それより、彼女が嫌だと言えるということが一番大事だったんで、自分で嫌だと言って、解決していったんです。

―聴・自分が一歩を踏み出す力をつけていったということですね。

＊注・解決指向とは、問題を解決するために、原因を追求するのではなく、良い点を見つけて伸ばして解決をはかるカウンセリング。

＊注2・アサーションとは、自分も相手も大切にする絶妙なコミュニケーション技法。

◆不登校の根っこ

もう随分前になりますが、学校へ行かない子どもたちに出会った時のことです。私のような戦争中に育った者は、勉強がしたくてもできなかった世代ですから、学校への憧れがありました。それで、学校へ行かないということがどうしても理解できなくて、いろんなことで葛藤したことがありました。当初は、父親不在とか母親の過干渉とか、子どもが敏感なんだとか、いくつかの条件が言われていて不思議とその条件にぴったりの子どもが何人か続いて来たものですから、ああ、こうなんだと思ってしまって、私は三十年位前、南海放送の取材でそんなことを言ったこともあるんです。

ところが、子どもに出会い、ずっとつき合ってゆくと、どうも違う。そして、過去の似たケースでも全然違うということに気づかされていったわけです。あれ？この子たちは、無意識だけど何か叫んでいると思って、その声が聴けるかなと努力しました。今はこうして登校しているけど、その根っこにものすごい意思があって、このままの自分では、自分の気に入った大人になれないなっていう感じを一番強く受けたんです。

ある子は、友達がいじめられているのを助けられなかった自分とか、先生がおかしいことを言っているのに、それに抵抗できなかった自分とか、ある時は、勉強が良くできていたのに、ある時からなぜ勉強が手につかなくなり、訳が解らなくなった自分とかに対して、あれ？あれ？っていうのが結構あって、風邪をひいたりとか、何かのきっかけで行かなくなってゆくんです。で、周りはそのことがなかなか解りにくいんですよ。

―聴・結果として不登校になった時、そこへ行き着くまでの理由や動機づけというのは、これは本当に千差万別ということですよね。

情報も多く、昔と違っていろんな道が選べたりするにもかかわらず、何かこう、自分がどこかで立ち止まっている感じですよね。うずくまっていると言った方がいいのかも知れません。

―聴・実際にそういう兆しとか前兆のようなことが、大なり小なり、どのケースでも起こっている。保護者とか先生、カウンセラーの人たちは、そういう小さいところを見つけるということがまず大切なんですね。

そうです。最終的には、何にひっかかっているのかとか、何にこだわっているかが大切になるんですけど、そこを解ってあげないとだめなんです。まずは子どもに信頼してもらわないと。先生であれ、親戚の人であれ、私たちであれ、その子が、この人は大丈夫と思わないと、絶対に心を開いてくれませんから。そこがまず一番大事で、そこのところはやっぱり親だと思うんですよ。

―聴・心を開いて自分の心の底にある本音の部分を話し出すというのは、簡単なようで並大抵のことではないのかなという気がします。

特効薬は無いとしても、特効薬に代わるようなことはあるんです。あなたが学校へ行かなきゃいけないと解っていて行けないのは、何か理由があるのよね。お母さんは解らないから知りたいのよとか、そういう風に認めることです。元気になってほしいから、お母さん何をしたらいいかなあとか、いっしょに考えていきたいんだけど、お母さんじゃダメ？　とか、先生じゃダメかなとか、認めてあげる、解ってあげようということが大事。

最初は、何故行かないんだとか、学校へ行かなかったらどうなると思っているんだとか、責めるでしょう。そうすると、心を閉ざして貝が蓋をしたみたいになりますよね。そうじゃなくて、あんなに好きだった学校へ行けなくなったんだから、余程のことがあるんだろうね。これは大事なことだから、一緒に考えようとか、まず元気になって！ご飯を一緒に食べて！　というような、そういう最初の関わりがあると、子どもとの接近はしやすいです。

――聴・それにしても、それを投げかけても、すぐには…

それは、相手の気持ちが解ってないわけだから、一人でウツウツ考えているよりは、解ってくれそうと思う人がいると、自分の中が少しずつ楽になってゆくじゃないですか。

◆孫がお金をねだる

最近よく、孫と祖父母との関係について、物をねだってきて困るとか、いつの間にか孫が部屋に入ってきてお金を持っていったとか、そんな話を聞くんですね。だんだん高額になるんです。ゲームソフトも高いし、携帯を親が買ってくれないからとか言ってくるわけです。買わないと罵詈雑言を言う。おじいちゃんはすくんでしまうんです。それで買っちゃうという悪い習慣がついてきたという話、よく聞くんです。

ー聴・どうしてもおじいちゃんおばあちゃんは孫に対して愛情を注ぎます。親よりは責任が伴わないので、孫に好かれたいために、言いなりに近いかたちでついつい物やお金を与えがちだと。これはまたどこにでもある、孫と祖父母の関係ではないかなと思います。そうした関係を良い方へ持ってゆくためには、どういうことが必要なんですか?

まずね、どこの家庭でもそうではないと思うんです。特定の人だと思うんです。幼い頃からの関わり方に問題の根があると思うんです。小さい頃からお金や物を与えないようにするとか、お正月とお誕生日だけという風に決めるとか、お金は直接渡さないとか、物は直接買わないというような習慣がついているところは、おじいちゃんおばあちゃんからお金がもらえるとは思ってないですよ。

―聴・最初に欲しがるおもちゃとかを簡単に買い与え、もらえるような習慣がついてしまうと、どうしても大きくなってもついついエスカレートしてしまいがちですよね。

小さい頃は金額が小さいから、おじいちゃんおばあちゃんでも買えます。でもだんだん大きくなってくるとね、金額も張ってきますよ。それで困ってくる訳です。買ってくれなかったら本当に嫌な顔をして、かわいくないことを言ったりするんです。じゃあ、どうしたらいいんだろうと。一つには、与える日を特定の記念日に決める。

そしてもう一つは、いっしょに遊ぶ。これをしてほしいんです。小さい頃だったら、しりとりしたりあやとりしたり、ままごとを一緒にしたり、少し大きくなったらトランプをしたりオセロしたり将棋をしたりとか、本を読んだりお話するのもいいですね。

―聴・長谷川さんが挙げられた遊びは、お金が余りかからないですね。

そう、喜びますよ。いっしょにゲームをやったり。野球のゲームは私が負けたりするんですけど。お金を出さないといけない時は両親と話し合って。そこの家庭の事情もありますので。どうしても必要な時はお母さんにお金を渡す。例えば、入学の時のランドセルや机は両親と話し合ってお母さんにお金を渡す。それともう一つは、両親がしてほしいことをする。お留守番とか保育園の送迎とか、頼まれればちょっと嫌でも喜んでする。ダメな時はダメと言うようにして、自分の役割をね、おばあちゃんはこれをしてくれる、おじいちゃんはこういうことをしてくれるという風に、家族の間で何となく取り決めができていると、子どももそれが解ると思うんですね。

—聴・我が家も共働きですので、当然祖父母の孫に対する役割というのは非常に大きいものがあります。今は、女性が働く時代だから、祖父母が孫を見るという状況はどの家庭でも非常に多くなっているだけに、そこの関係ですね。両親も加わった良好な関係というのが、子どもの成長、孫の成長には大切ですね。

すごくいい役割ができると思うんです。私の孫は中学一年ですが、孫は小さい頃からオセロで勝負をしたがるんです。オセロをしている時に、娘が私に、負けないでよと言うんです。絶対にかなわないと思う人がいた方がいいから。皆甘やかして負けるから。おばあちゃんは負けない人になっていてと。いつも孫は必死になってかかってくるんです。それが、小学五年頃から勝てなくなりました。私に勝つと鬼の首を取ったように喜ぶんです。

—聴・最初の関わり方が、孫との良好な関係を作ってゆくということですね。

◆「言いたくない」の裏に

今日は、登校を渋って、M君が朝起きないということで、お母さんとM君が相談に来られたお話です。来た時、すぐにM君は、「お話することはありません」と、サラッと言われたんです。言うことはありませんと。こういう子は結構多いんです。

カウンセリングに来た子に、どうして来たの？と聞くと、連れて来られた、行けと言われたから来た、どういうことをする所かちょっと試しに来た、自分は本当に困っていて助けてほしかった、とか、いろいろです。この内、連れて来られたとか、いやいや来たという子は立ち直りが遅いけど、好奇心を持っていたり、助けてほしいと明確に言ったりする子は、往々にして立ち直りが良いです。モチベーションが高い方が良いから、焦らないで、お母さんとの関係が良くなって、本人のモチベーションが上がってくるのを待ちます。

この子は、お母さんがすぐ連れてきたので、モチベーションがまだ低かったんです。言いたくないんだったらそれでいいよと言って、小さい頃は学校はどうだったの？何の勉強が好きだったの？とか、そんな話をして、言ったことに応答して返すだけということを続けていたら、誰かに言いたくて言いたくてたまらなかった様子で、友だちがいじめられていると話しだしたんです。これは、最初に来た日のことです。話さないという心の裏には、逆に話したいという心がありました。もちろん、親には席を外してもらっていました。

そのいじめというのは、五、六人のグループで一人を対象にガムテープで足首や手首を縛って、くすぐったりころがしたりして嫌がらせをするんだと言うんです。M君は、ガムテープを巻けとか、くすぐれとか言われて、やらないと今度は自分が対象になるから、それで学校へ行けなくなったということでした。親に言うと騒ぐから言わないで下さいと言うのです。自分が「ちくった」ということになると、どこで何をされるか解らない。だから親に伝わるのをすごく気にしていました。そのことが一番怖いという感じでした。

―聴・親に言うと、ことを大きくしてしまって、それがまた自分にはね返ってくると。だから、親に対する信用が無かったわけですね。

特に、中学・高校生くらいになると、親にバレるのを嫌がります。そんなグループに所属しているのかとか、情けないやつだとか、思われるのが嫌なんでしょうね。また、相手からも爪弾きされたり、嫌がらせをされたり、自分がやられるのは怖い。だから、だいたいは親には言いません。

―聴・ただでさえ学校でストレスがあるのに、親に言ったことでさらに怒られたりすると、嫌ですよね。

最悪ですよ。じゃあ、あなたはいったいどうしたいの？　どうなると良いのかなあ！って、答えを後ろ向きにしないで、前向きに考えるようなことを聞いていったんです。そしたら、いじめをやめさせたいと言いました。私は、あなたから聞いたとは絶対に言わないと。学校でどの先生が一番信頼できて好きなの？と聞きました。そしたら、一人の先生の名前を挙げてくれたんです。幸い、そこの学校にカウンセリングの勉強に来ている先生がいらっしゃったんで、その先生に相談をしました。そして、彼が信頼できるという先生と相談して解決をしてほしいと。彼の名前は絶対に出さないように。なぜ知ったのと聞かれたら、そういうことがあると噂を聞いたということにして下さいとお願いをしました。すぐ会議にかけられたようで、すごく早い解決でした。

―聴・その学校にカウンセリングの対応とかいじめの相談などに熱心な先生がいらっしゃって、すばやく良い対応を取られたんですね。

この対応は早かったですね。この子は、学校へ行きたかったんです。それと、彼はこのいじめがものすごく嫌だったんですね。最初はちょっとおもしろがって始めたのかもしれないんですが、いつ自分がガムテープを巻かれるかわからない。怯えていた様子でした。早い発見で解決することができました。

カウンセリングをしていていつも思うのは、まず信用してもらうというか、関係性を作ることが一番大事ですね。私たちも、自分が困ったときに、信頼できない人の所へは行きませんよね。そうかそうかと聞いてくれる所へ行きます。お説教をいっぱいする所へは行きません。親は、それに気づかずにやっているんですよ。

◆不登校を長引かせないために

今日は、不登校が始まった初期の頃の対応について話してみたいと思います。不登校になっても案外早く動きだす子もいるし、不登校がきっかけで四十歳になって困っている方もいらっしゃいます。どの場合も一緒なんですが、どの子も困っていることや、辛いことや、自分では解決できないこと、納得していないことなどがあるということをまず解ってあげてほしいんです。何もないのに学校へ行かないということはありません。そのきっかけが大きいとか小さいとか、根っこに大きい問題があるとか様々ですが、その子自身が、何か困っていたり傷ついているんです。

まず、最初に登校しなくなるきっかけですが、風邪を引いた後とか、連休や休みの後とか、何かきっかけがあって、行かなくなることが多いです。学校でいじめに会ったり、嫌なことがあったというケースもあるでしょうし、部活で失敗したり叱られたりして行かなくなることもあります。周りの人は、最初はしばらく様子をみるということを大事にしてほしいんです。

どう様子をみるかということですが、学校へ行かないことを責めない、行かない理由が何かあるのねと信じてあげて欲しいんです。自分がお母さんの気に入らないことをしているのに信じてくれている、先生も自分を信じてくれている、というのが伝わると、子どもの気持ちは安定してくるし、暴れたりしなくなると思います。ゲームくらいはしますよ。自分の問題に向き合うのがしんどいですから。何かに向き合ってないと辛いでしょう。

あんた怠けてるんじゃないのとか、ずる休みじゃないのとか、熱があったけど昼頃には下がって変じゃないのとか、お医者さんに行ったけどどこも悪くないと言われたよとか、こんな風に言われることがよくあります。お母さんはお医者さんの方を信じるんですか？　と私は言うんです。原因の解らないことだってあるんだから、まずは子どもの言い分を信じましょう、耳を傾けましょうと。お母さんには理解できないけど、あなたにとっては大変なことなのね！という風に。辛いのね、余程辛いことがあったのね。どうしたら元気になれるのかなあ。少し休んでまた一緒に今後のことを話そうねという風に、まずは解ろうと受け止める。追い詰めないことが大事です。

問題行動を起こした時は、そこに子どもからの大事なメッセージがあるんだということ。問題行動でメッセージを送ってきているのだと、そんな風にとらえてほしいんです。不登校という形での体の反応がもっとひどくなると、熱が出るとか下痢をするとか、身体症状でメッセージが出だします。体が発信するメッセージは本物ですから、受け止めてほしいんです。登校できない程疲れきっている子どものエネルギーをどうしたら溜められるかを考えてほしいんです。

その方法は一人一人違いますが、しゃべることでエネルギーが溜まることが一番多いです。吐き出すということです。吐き出したら、誰かの言うことも少し入るんです。いっぱいいっぱい詰まっていたら、人が何を言っても入りません。一対一で、何でもいいからちょっと聞いてあげるというのを、一日十分でいいから作って、子どもと話して下さい。

女の子だったらお風呂に一緒に入るとか、寝る前とか、男の子だったら誰もいない時に一緒にお茶飲もうかとか、ちょっとしたことで吐き出させてあげましょう。眠ってばかりいる時は、言う元気も無いし、言うことが判っていない、まだ整理ができていないという時です。散歩とか、ゆっくりするのもいいですね。一緒にいることを嫌がっていない時などには。また、病院が必要な子もいます。対応は一人一人違います。

彼らがここでくじけて、自信を失って、将来が見えなくなることを避けたいものです。もう、学校へ行かなくなった段階でだいぶ自信を失いかけています。子どもは、学校へ行かなきゃと思っているんです。学歴が大事なこともよく知っています。今の日本はライセンスの国ですから、免許証がないとできない仕事がいっぱいで、高校卒業の資格があった方が何かと有利です。そんな社会の中で、自分に自信を無くした状況を長引かせないことがとても大事だと思うんです。

II

引きこもりさまざま

◆待つことの意味

ある、本を熱心に読んでいらっしゃるお母さんがいて、学校へ行け行けと言ったらだめなのよ、待ちなさい！と周囲に伝えていて、それを聞いた方が、一生懸命に待っていたのに、息子が学校へ行ってくれませんと言って、私の所へ相談に来られました。もう三年待ちました。どうしてくれるんですか？と怒っていらっしゃるんです。どんな風に待っていらっしゃるんですか？とお聞きしました。そのお宅では、ご飯よ、と言うと返事をするのでお汁を温めて待っていてもやってこない。しびれをきらしてもう一言、ご飯よと言うと、うん行く、と言う。そんなことを何回も繰り返して、そういうことで一日が過ぎているんです。

ただ待っていたら良いというもんじゃないんですよ。だって、お料理を作る時に、じっくり煮るといっても、ずっと放っておく訳じゃないでしょう。混ぜたり火加減を見たり、いろいろしないとできないでしょう。だからこの日は、お母さんのお話をよく聴いて、改善することをお話ししたんです。

まず、どんなお子さんですか？ということをお聞きしました。小さい頃からいい子で、勉強もよくできて、進学校へ行っていたのです。友だちとも仲が良くて、甘えん坊だというんです。

お母さんは可愛くてたまらないから、何度も料理を温めていたんでしょうね。お母さんに、不登校になったきっかけだと思われることはありますか？ と聞いたら、高校一年の夏休み途中からお友達と遊ばなくなって、外へ出て行かなくなったんだそうです。お友達から電話がかかっても絶対出ない。理由を聞いても言ってくれない。ゲームばかりしているから、ちょっとお友達と遊びに行ってきたらと言うと、すごく機嫌が悪くなって怒るので、放っていたようなんです。夏休みが終わっても学校へ行こうとしないので、お母さんはいろんな所へ相談に行くと、行け行けと言ったらダメよと言われて、そうか、言わないようにしようと思って、ご主人と四苦八苦していたらしいんです。

お母さんには、待つことの意味をしっかりとお話しました。まず、子どもにエネルギーが溜まったら、ゆっくりお話を聴いて、その子への対応を探ります。不登校は百人百様でそれぞれ違いますから、まず子どもとの関係作りから始めて下さいとお話をした後で、お子さんに会いたいんですが、とお願いをしました。お母さんは彼に伝えますと。そしたら、翌日彼がやってきたんです。三年間も経っていたので焦っていたんでしょうね。よく来てくれたね！ と私もびっくりして、すごくうれしくてお話を聞きました。彼も言いたいことが溜まっていたんだと思うんです。

それから何回かお会いするうちに、こう話してくれました。「とても仲の良い友だちがいて、ちょっと僕が甘えすぎたんだと思う。彼を傷つけるようなことを言ったり、平気でしていた。ある日、総スカンをくらって、自分が立ち直れなくなって、その時は、何でだ！ と怒っていた。

日が経って、皆から電話があったんだけど自尊心が強いから出られないし、今更謝れないし、それに自分も変われない。自分に腹が立ってきて、鬱々として、心を閉ざしていた。」と。オロオロするお母さんのおかげで、彼は考える時間ができたんです。ここでお母さんがいろんなことに口をはさんだら、彼は言い訳ばかりして、考えなかった。最初に上手に言い訳をさせて、そこで時間をかけて待ってあげるといいんです。

　彼の場合は、自分で考えてだんだん反省して、もう出たくて待ち構えていたんですね。その後、驚くほどの速さで彼は立ち直ってゆくんですけど、もう友だちは大学へ行ったりしていますから、すぐ大検[*]を受けて大学へ行きました。もう少し早くお母さんに来ていただきたかったなと思うケースでした。

―聴・待ちましょうとよく言われますけど、待つというのと、放っておくというのとはちょっと違うんですね。

どの子も傷ついたり、納得してなかったり、困っているんですよ。一人一人その中身が違うということなんです。

＊注・大検は、二〇〇四年度以前に実施されていた大学入学資格検定。
二〇〇五年度より高等学校卒業認定試験（略して高認）に移行している。

◆子どもの変化に気づく

あるお母さんが相談に来られたのですが、息子が部屋から出てこないというお話でした。

ある日、顔色が悪いのに気づいて、比較したつもりは無かったのだけれど、お姉ちゃんは良い顔色だったのに、どうしたのって言ったら、部屋にこもって出てこなくなった。お母さんがどうしたのとか言うと、全く出てこなくなって、お母さんが作ったご飯を食べなくなって、買ってきたお弁当しか食べないとご相談に来られました。

よく聴いていると、お姉ちゃんはもう勉強を始めたよとか、何かにつけてそういう言い方をお母さんがしているんです。自分では言ってないと言うんですが。

―聴・比較するということですか？

はい、そういうことをすると、どうなるかということを一緒に考えてもらったんですけど、そういう時、私は自分に置き換えて考えてもらうんですよ。自分の親から兄弟で比較されたらどうですかと。もう無意識でやっているから、なかなか解ってくれないんですよ。悪意は無かったとか言って。

―聴・私も親で、子どもが二人います。どうしてもお兄さんはやったよとか、お兄さんが同じ歳の時はああしてたよとか言ってしまいます。比較するつもりは無いし、分け隔てなくしつけているつもりだけれど、それが無意識のうちに比較になっていたりするんですね。

それを子どもの問題でいうと解りにくいんですよ。親は良かれと思ってやっているから。だけど、自分がそうされたらとか、自分と向かいの奥さんを比較されたらどうかとか、そういう対象で考えると、ちょっと解ってくださるんですよね。

このお母さんもなかなか解らなくて、廊下の隅っこに神棚があって、そこで毎朝拝んでいると言うので、いや、神棚で拝む問題じゃなく、うっかりお姉ちゃんと比較してごめんなさいと言う方がいいんじゃないのと言いました。でも、なかなか謝れないんですよね。親というのは子どもに。時間がかかりました。

でも、自分の問題として、私もうっかりやっている、そのことを自分が認めると、子どもが解ってくれたりすることもよくあるんです。子どもの変化に早く気がつけばいいんですよ。この子、こんなことを言うと嫌がるなとか、あれ？ この時は向こう向いたなとか、ちょっとした毎日の変化ですよ。

私はお母さんに、子どもが朝起きてきて、おはようと言う時、必ず目を見て下さいと言うんです。学校の先生にも言うんですが、学校でおはよう、おはようと言う時、毎日目を見ていたら、あら、この子、いつもこっちを向くのに今日は向こう向いたとか、向こうむいていた子がこっち向いたとか、変化に気付きます。気付いたら、絶対一対一で、今日こっち向いたけど何かいいことあった？　とか、ちょっと向こう向いたけど、何かお家であるのとか、困ったことある？　とか、必ず一対一で聞いて下さいとお願いすることがあります。

ー聴・子どもの悩みで相談に来たけれど、いろいろ聞いてみると、その大きな要因は、母親の何気ない一言の積み重ねみたいなところが大きかったと。そうすると、実は、改めるべきは、子どもというよりは母親の考え方とか、言動とかいうことになるんですね。

ちょっと早めに変化に気づいてほしい。良かれと思ってしていることも、子どもにとって良くない時は、子どもは、必ず態度で示していますから。階段をトントンと音をたてて上がってみたり、戸をバタンと閉めていったり、そんな時、あれ？　私が今、何を言って怒ったのかなということを気づくとね、早めに手が打てますよね。

ー聴・確かにそのような兆しというか、前兆みたいに、子どもの反応がありますよね。でも、親としてよく感じるのは、ちょっとしまったなという気持ちもあるんですけど、どう対処したらいいのかなって、なかなか答えが見つかりにくい時も結構あります。

親は変なプライドがあるのか、子どもに対して謝りにくいですよね。これが大きいですね。人それぞれ、怒り方も反発の仕方も違うし、カッとなってもその時は黙って知らんふりしておいて、ある日突然行動を起こす子もいるでしょう。毎日のその子の習慣をよく知っておくといいなあと思うのです。

◆恥ずかしいあだ名をつけられて

Pちゃんは、恥ずかしいあだ名をつけられて、お母さんに相談したんです。そうしたら、お父さんに聞いてみたらと言われて、お父さんに相談したら、「知らん顔をしろ、知らん顔をしたらいいんだ。大げさに反応したらダメだ」と言われて、無視することにしたんです。で、無視すると、どんどん使われて、大きな声で言われて、皆の知るところとなって、皆が言い出したんですね。それで辛くなって、登校しなくなったんですね。

その時、お母さんから、「それくらいで弱虫ね、やり返してやりなさいよ」と言われたんです。この前はお父さんから無視しなさいと言われ、今度はお母さんからやり返してやりなさいと言われて、そんな正反対のことを言われて、Pちゃんは根が優しい子だから、急にできないじゃないですか。ものすごく困っている自分の気持ちをお父さんもお母さんも解ってくれない。不満をぶつけるところがなくなっていって、次第に自分の殻に閉じこもるようになって、学校ではしゃべらなくなってゆくんです。学校でしゃべらないとお友達ができませんよね。だんだん孤独になっていって、不登校を繰り返すようになり、そんな状態で小・中学校を過ごし、とうとう高校一年の時に引きこもってしまったんです。

私たちは、小さい時はお母さんが絶対なんですね。だって、世界中のお母さんが生まれた子に一週間、何もしないで放っておいたら、人類が滅亡すると言われるくらいです。人間の赤ちゃんは、誰かが手をかけてあげなければ生きてゆけない。だから、人間というのはまずお母さん、それから少しずつ歩けるようになると、おじいちゃんおばあちゃんお父さんの方へとか、おもちゃを取りに自分で行くようになり、そのうち公園デビューとか言いますが、同じ歳の子と遊べるようになって、次第に相手を少しずつ変えてゆきます。

思春期と言われるような頃からは、友達が一番大事、親より誰より友達が大事、特に同性の友だちが大事。同性の友だちとしっかり関係を結んだ人は結婚生活がうまくゆくけど、同性の親友を持たなかった人は、異性ともうまくいかないと言われたりします。

――聴・そうなんですか。思春期の同性同士の繋がりが大事なんですね。

はい、だから、あの子と遊んだらダメとか、あの子は成績が悪いでしょとか言うんじゃなく、友達を認めてあげてほしい。同性でも違いがあったり、解りあえたりする女同士・男同士の関係性がとても大事なんです。次は、同性と全く違う異性と一緒になって、人間としては対等だけど違う世界を持っている人と歩んでゆくんだという認識に移り変わってゆかなければいけないということです。

ところが、このPちゃんはお友達が全くできなくなり、本当に引きこもってしまったんですね。しゃべらなくなってしまいました。私のところでしゃべるようになるまで、二年かかったんです。

私が何か言うと、チラッと目が動くんで、これは関心があるかなとか、このことはもうちょっと話してもいいかなっていうような感覚でした。毎週来ましたけど、二年目から話すようになりました。私は、「場面緘黙」だと思ったんです。

―聴・「場面緘黙」ですか?

学校とかある場所では話さないけど、声が出ない訳ではない。家ではしゃべっているというような例です。そういう時は、親は、学校でしゃべらないのは学校が悪いとか言いますが、そうじゃない。「場面緘黙」は場面が悪いんじゃないんですよ。家で無理していて、言いたいことが言えないとかですね。

早い子では小学校四、五年の頃から思春期に入りますが、この頃が一番難しい頃です。女の子は胸が大きくなってきたり、男の子は夢精が始まったり、体が変わってくる頃で、「怒涛の時代」と言います。親への見方も変わってきたりします。自分のことを知られるのが恥ずかしくて、一番言わなくなる時期ですよね。他の子はどうなんだろう、私はこうなんだけどと、心の中でオロオロしている時期です。相手がどう思うかがとても気になって、想像するようになってゆく頃です。無意識のうちにね。自分の自我がまだ育ってないのに、それで判断してしまうのが思春期です。

こういう時にお父さんやお母さんに裏切られるような気持ちになってしまって、信頼していた人に裏切られた時に人が信じられなくなってしまったり、自分の体のことも誰にもしゃべれなくなって、だんだん引きこもっていったんです。だから、まず気持ちを解ってあげる。最初にあだ名をつけられた時に、本当に辛かったね！って解ってあげることがすごく大事じゃなかったかなと、後で思うんです。

―聴・心の問題というのはクリアできたんですか。

いや、十分にはできていません。やはり言葉が少ない子です。だから、引きずってはいますね。元々の活発なPちゃんに戻っているとは思えません。それでも前向きになっていて、何かがあると尋ねて来てくれるし、ゆっくり癒してゆくのが一番いいんじゃないかと私は思います。

問題があった時にいくつかのパターンがあって、親が乗り越えて子どもを受容してゆくケースと、親はどうにも変われないけど、子どもが乗り越えてゆくケースがあります。

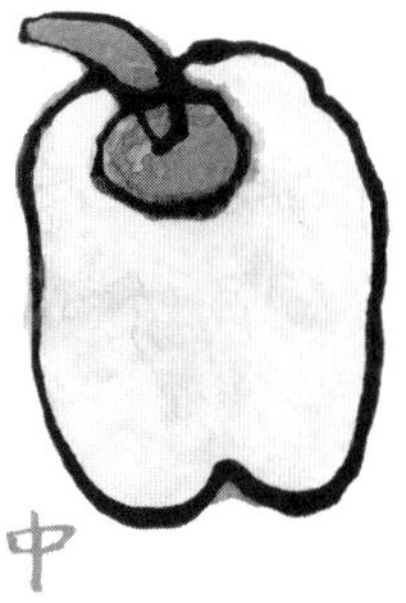

◆お母さんの作ったものを食べない

息子がお母さんの作ったものを食べないというご相談で、ご夫妻が来られました。よくお話を聴くと、引きこもって二年くらいになっていて、ゲームばかりしている子で、もう高校を卒業したくらいの青年です。いつから食べないんですかと聞くと、もう三ヵ月ほどで、何を食べているかというと、お弁当を買ってこいと言われて買ってきたり、インスタントラーメンを食べたりで、お母さんの手作りは食べない。

今までどういうお子さんでしたかと聞くと、本当にお母さんと仲良しの子だったようです。この子が学校へ行かなくなった頃に、お母さんが心配されて、相当オロオロされたようです。高校を出なかったら社会に出てどうするのよ、ゲームばかりしてどうするのよと言うと、息子もうるさい！と言い返す。そういうもめ事があったようです。

抵抗されると親はだんだん腫物《はれもの》に触るような対応になって、子どもには言えなくなるでしょう。腫物《はれもの》というと、おできでしょう。おできって、かさぶたを剥《は》いだらいけないから、皆触らないじゃないですか。そんな感じで子どもに接していると、子どもは、僕＝「おでき」、家の「おでき」＝「いらないもの」だ。いらないものだから僕は食べる資格がない。こうなるんです。そういうところへスッと持ってゆくんです。極端な、そういうことが起きます。他のところへ気持ちが行かなくなっているんです。

彼の場合は、お母さんの作ったものを食べないということで、悪い自分を罰しているつもりなんです。自分を罰しているんなら、お金を出して買う方が高くつくから、迷惑をかけているというところへは発想がいかない。お母さんは自分が作ったものを食べてくれるとうれしいでしょう。でも、そっちへは考えがいかない。食べる資格がないから食べない。でも生きていかなきゃいけないから弁当を買ってこい。思い込んだら切り替えができないんですよ。

――聴・そもそもの気持ちっていうのは、お母さんが嫌がることを望んでいる訳ではなくて、自分を罰したいということなんですね。

問題行動にはいろんな面があるから、一概には言えませんが、この子の場合はそうじゃないかと思われました。夜、お母さんがいなくなったらリビングに出てきているようだし、きれい好きだったのにあまりお風呂に入らなくなっているということを聞いて、手紙を書くようにお母さんに勧めたんです。

手紙というのはとても効果があります。お母さんにお願いをしたのは、お天気の話とか、庭に咲いた花の話とか、どうでもいいような話を一言、書いてくださいと。破り捨てていても、見た様子がなくても続けて下さいとお願いしました。内容を少しずつ変えていって、おじいちゃんが病気したのよ、会いたいと言っていたよとか、私もこの間ころんじゃったのよとかね。身近なことをちょっと書いて、だんだん内容を変えてゆくんです。ゆっくりと、そういう風にしながら、今日はあなたの大好きなシチューを作っているから、よかったら食べてねと。シチューやカレーみたいなものがいいですね。食べたかどうかが判りにくいから。食べたと判りにくい方がいいんです。ハンバーグだったら一個食べたのが判るでしょう。だから最初は、ちょっと量の判りにくいものから始めてゆくんです。でもお母さんにはちゃんと判って、ああ、食べている！こんな風にしてだんだん食べるようになって、うまくいったケースなんです。

こういう風にして失敗する時もあるんですよ。せっかくうまくいっていた頃、子どもが出てきてちょっとつまみ食いをしたんですね。その時、お母さんはうれしくて、後でちゃんとあげるからと言ったら、また食べなくなってしまったと言うんです。なぜそう言ったのと聞いたら、お母さんは、おいしいものをちゃんとあげたかったからと言うんです。お味はどう？と聞けなかったのと私が言うと、そういう言葉の発想がなかったというんです。

―聴・とっさの時は、否定的な言葉が出てしまうことが多いような気がします。自分の感情のままに生きていると、どうしても欲求とか不満とかの方が先に出てしまいますね。

会話で、まず肯定的な言葉が出るようになるためには、練習が必要です。これができるようになると、家族の関係がとてもよくなりますよ。

◆おばあちゃんに育てられる

八十二歳という高齢のおばあちゃんと二人で暮らしていたQ君のお話です。両親が離婚した後、Q君が五年生の時お母さんが亡くなるんです。それで、母方のおばあちゃんに育てられたんですが、おばあちゃんが相談に見えた時はもう高校に入るような年齢でした。小柄なかわいいおばあちゃんでしたが、毎日のようにQ君が暴れて、困り果てているというお話でした。家の襖も、開けなくても通れるくらいに破けていて、家の中は悲惨なんだと。

Q君は体が大きくて、後でお会いした時は百キロを超えていました。おばあちゃんはQ君が怖いんだそうです。だから彼が暴れ出したらずっと外へ出ている。雨の日は軒下でずっと二時間も三時間も立っているというとても辛いお話でした。

原因を聞くと、「両親のいない彼がいじめられて、中学校へ入る頃、登校を渋り出した時に、私が良い対応をしてあげられなかったのです、それですよね、そのせいですよね。」と自分を責めるんですよ。あの時、「情けない。そんな奴やっつけてやれ」みたいに私は言ったと思うって。でもあの時、こういう所へ早く相談に来ていたらよかったんですよねと、おばあちゃんはすごく反省をされて、Q君を一切責めない方でした。

私は、本当に長い間のご苦労をお聞きし、Q君がここへ来られるように対応を少し変えて下さいませんかとお願いをしました。Q君の暴れが収まった後に、おばあちゃんが家の中へ入った時には、晩ご飯何にする？と、けろっとして言って下さい、おずおずと言わないように、困ってないよっていう風に言って下さいと。少し対応を変えてもらいました。そうすると、彼がカウンセリングに来るようになったんです。

彼が初めて来た時、自分が幼い頃に去っていった父親の悪口を激しく言うんです。来る度、父親に対する暴言を吐きだす。私も、これは全部吐き出させないといけないと思って、苦しかったね、大変だったんだね、と言って、ずっと聞きました。怒りにまかせて言うもんですから、どれだけ恨んできたんだろうと思いました。

後で解るんですが、お母さんは病気がちで家業（商売）が手伝えないということがあって離婚したために、お父さんの実家が彼を受け入れなかった。それで引き取ることができなかったということでした。そのあたりの過去のことは詮索してもどうにもならない。でも彼には、お父さんが必要だと思いました。八十二歳のおばあちゃんの年金で二人が暮らすのは大変なことだと思って、地元の保健師さんにお願いをして、お父さんと交渉をしてもらいました。

お父さんが会いに来てくれました。そのお父さんは、彼とよく似た大きな方でしたが痩せた方でした。彼を引き取りたくない訳ではないんだけど、親族が承知しないんだというお話をされ、それでもできることはしますとお話をされました。毎月金銭的な援助だけでなく、彼に会って下さいとお願いをしました。で、お父さんはQ君に会いました。もう本当に、あれだけ叫び騒いだのに、お父さんと会ったらころっと人格が変わる位うれしそうなんです。

―聴・会いたかったんですね。

あれだけ吐き出させておいて良かったなあ、本当は会いたかったんだと思いました。その日から、彼は激変するんです。その次に来た時には、お父さん程は痩せないけど七十キロにはなると言って、ダイエットするんです。頑張って。目標があるというのは本当にすごいことです。お父さんがちょっとこっちを向いてくれたということと、毎月仕送りをしてくれて、おばあちゃんの年金だけじゃなくてやれるということ、それと自分に父親がいるんだということが彼の支えになったようです。

お父さんは、彼がかわいくてたまらなくて、引き取りたいんだけど、気の弱い方で諦めていたようです。その後、彼はどんどん変わっていって、おばあちゃんに優しくなっていくんです。あれから十年以上経ちますが、おばあちゃんもお元気のようで、彼は仕事の休みの日には、お父さんと釣りに行ったりしているようです。すごく家族の力を感じさせてもらいました。それからもう一つ、このケースで思ったのは、ネットワークの力です。最近は地域のネットワークが弱くなっているでしょう。でもこの時は、地元の保健師さんが交渉に行ってくれましたから本当に助かりました。ネットワークの力は、大きいですよね。

◆どうせ解ってもらえない

大人が子どもの話を聞いていて、こうだろうかと勝手に想像しても、相当ズレがあるんです。だからどうせ言っても解ってもらえないとか、無駄だとか思って、話してくれないというようなケースが結構あるんです。

―聴・それは親にですか？　友達にですか？

先生や友達でもどちらでも、解りあえない人とは、上手につきあっていけない。

―聴・どういう年齢の子ですか？

中学生くらいの子でも、幼稚園の頃からお母さんとズレていたとか言います。だから、何歳でもあるんじゃないかと思うんですね。私も、自分のことをふり返ってみると、どうせ解ってくれないと親には言わなかったことがいっぱいあるような気がします。

―聴・大人の世界でも、ものわかりの悪い人の場合は、何回言っても馬耳東風だから、あの人に言ってもダメよみたいなのはありますよね。

だけど一方では、ものわかりが良くても、例えば、きれい好きの人は、それを否定されるような話は聞こうとしないし、お金に几帳面な人は、無駄使いの話は聞いてくれないとか、子どもって親が何を求めているかを結構知っているから、言わないですよね。そういう中でのズレというか、そんな中で非行に走るケースがあります。今回はそういうケースの中からお話をしてみたいと思います。

やりたいことがいっぱいありそうな様子なのに、何がしたいのと聞いてもなかなか答えてくれなかったR子さんは、高校一年から引きこもって、今高校二年です。私は彼女の興味のありそうなことを、あれこれと思いつく限り言ってみました。お料理、毛糸、英会話、ゲーム、ネイチャー、美容師、看護師とか、かなりの数を言ったのですが、首を横に振るんです。

そんな中で、R子さんの目が泳いだ時があったんです。それは、私が柔道とか合気道とかの武道の話をした時でした。あっ、こっち系だなと思って、弓道と言ったら肯いてくれました。ああ、弓道を習いたいんだ！と私が言うと、また目が泳ぐんです。

習いたいの？お母さんにお願いしようか？と言うと、首を横に振るんですね。ここからがまた解らないんです。なぜ嫌なのか。お金だろうか、遠いからだろうかとか、いろいろ言ってみて、結果的に解ったのは、やっと解ったんですが、もし、自分が習って上手くできなかった時、お母さんの期待を裏切るからと言ったんです。このお母さんの期待を裏切るからというのは、不登校でもあるんですよ。学校へ行き始めたら期待されるからしんどい。

――聴・子どもの方が先回りし過ぎるっていうか…

そう、それがどうしてだろうと思ったら、お母さんと子どものそれまでの関係性の中にあるということに気づいたんですね。この子のお母さんは、この子に何かをさせようと必死になって期待し過ぎるから、この子は、お金を出させた上に上手くできなかったら大変だから行かない、となっていることが解りました。

私はお母さんに会って、まずR子さんが一歩出ることが大事だから、例えば三日でやめても、お母さんは三日行けたねと喜んで下さいと言いました。お母さんが、たった三日で止めたと思っても、それを言うと次に何かしたくても行けない。三日も行けたね、また行けるといいねという風に言ってあげて下さいと。この子は、それから弓道に行きましたよ。その後、大学検定を取って大学へも進学しました。袴をはいて弓道をしている写真をいただきました。

ー聴・親子の関係性の中で、相互理解というか、会話をすることによって、思い違いを少しでも解消してゆくことが大切なんですね。

◆無理難題を言って暴れる

顔が大きいから削ってくれという子がいました。高校三年生のS君は、顔が大きいのが気に入らない。だから外科医を家に呼べと言うんですね。お医者さんが来てくれる訳がないと言うと、暴れるんです。お母さんに無理難題を言うようになって、部屋にこもるようになり、お母さんが相談に見えました。部屋から出てくると、まだ医者は来ないのか、早く呼べとお母さんを責める。呼ばないんだったら自分が電話で交渉するからお金を五十万円出せと言うんです。顔が削れる訳もなく、お母さんは困ってしまって、返事があやふやになると彼が暴れる。

—聴・無理難題を言っている感じですね。

お掃除のデッキブラシがあるでしょう。あれを振り回して暴れるんです。だからガラスも割れて、台風の時に風が入ってきて困っても、直すと言うとまた怒って、家の中を風が吹きまくったと。大変だったようです。写真を見せてもらうと、これがまた男前なんですよ。それで、私はもしかしたらと思いました。彼は顔に自信があったのに、誰か、例えば気になる女の子から、顔を何かけなされたんじゃないかと。

—聴・一番自信があるものをけなされたと…

男前だけど顔が大きいじゃん！とか言われた、そういうことではないかと思ったんです。この男の子には最後まで会わずに終わったんですが、そうじゃないかなと思って、お母さんに、彼は顔にすごく自信があったんじゃないですかと聞いたら、皆がかわいいと言っていたから、きっとそうだと思うと言われました。だから、気になる人から顔が大きいとか言われて、気にするようになったんじゃないかなあ、傷ついているんだと思うと言ったんです。だから、顔以外のところで彼の良いところを褒めて、認めてくれませんかとお願いをしました。例えば、今日はきれいにご飯を食べてくれてありがとうとか、何でもいいんです。

もう一つは、彼が振り回すデッキブラシを夜は部屋の入口に置いているというので、そのデッキブラシの前へ行って拝みなさいと言ったんです。「ブラシさん、ブラシさん、ありがとうございます。彼は今、不安でたまらないから、あなたを支えにしています。支えてもらっているので、振り回さないようにしてやって下さい。支えてやって下さい、お願いします。」と拝んで下さい。お母さん、拝むのも効果があるんですよって。「言霊」というのもあるんですよって。そしたら、お母さんは本気で三十分位、毎晩座って拝んだそうです。そうして、一週間くらいしたらデッキブラシを振り回さなくなって、腹が立ったら新聞とかティッシュペーパーの箱とかが飛んでくるようになったそうです。

—聴・心理的な何かが影響したんですね。

そういうことをするお母さん自身も変わってきているんだと思うんです。それをすることによって、どこかで子どもに伝わるニュアンスが変わっているんですよね。

―聴・お母さんも真剣に子どもの良い所を褒めるようにして、行動も変わっていったんですね。

そう、彼はだんだん落ち着いてきて、電気屋さんが配線のことで来た時に、おい、ちょっと手伝ってくれと言われてちょっと手伝ったりして、その電気屋さんにバイトに行くようになって、次第に良くなってゆきました。お母さんも、自分たちで何とかやれそうですということで、来られなくなりました。

―聴・カウンセリングというのは、心の問題を持った当事者というイメージがあるんですが、その当事者には会わなくても…

会わないことが多いですよ。両親だけとか、おばあちゃんだけが来られるケースは結構多いです。これは、あまりいい例ではないかもしれませんが、あなたが坂本竜馬になろうねって言うこともあるんです。家の中の坂本竜馬になって動こうって。これ、案外ピンとくるんですよ。解りやすい言葉なんです。日本が大変な時に坂本竜馬は動いたでしょう。だからあなたがお家の中で変わってゆくことが大事なんですよと言うと、本気で取り組んで下さいます。

―聴・誰か、真剣な人が一人いると救われるんですね。

私、思うんですが、最近病理のある人がハイジャックとか事件を起こしているでしょう。あれも、真剣に愛する人がいたら、しないと信じているんです。本当に受け入れてあげる人がいると起こらないと思っています。

◆自分の顔に自信がない

とてもきれいで上品なお嬢さんがいらっしゃいました。二十歳代後半の方でしたが、家から出ないということで、お母さんと二人で来られました。引きこもっている理由がお母さんには解らない。お母さんが席をはずした時に、彼女が、自分の顔に自信がないんだと、だから外へ出られないんだと言われたんです。私は、あら、そう思うの？　じゃあ顔だけ私と変わってほしいわと言ってみました。私は不細工でずっと生きてきましたから。うらやましいなあ、どうして？　という感じになってしまうんですよ。

何回か来られて関係ができた頃、この子は高校を卒業していたのですが、友達との関係で、体育の時間に恥をかいたとか、理科の時間に失敗をして笑われたとか、そういうことをだんだん話してくれるようになりました。そういう時に私は、しんどい話ばかり聞くのじゃなくて、好きなこととか、できることを聞くんです。この子は、家で時々料理をしていたんですが、料理ができるとは言わないんです。お母さんが料理をしてくれるので助かると言っていたよと言っても、そんなことはないと。自分は困っているから家にこもっているので、いろんなことができるのだったら出ていかないといけない、そんな風に思っているような気もしたんです。

お話を聴いているうちに、この家の雰囲気が暗いなあという感じがしました。その内、その家庭の様子がわかってきました。お父さんが事故で長い間自分の部屋から出てこない。お父さんの部屋を掃除してあげたいけれど臭い。おばあちゃんは文句ばっかり言っている。お母さんは一日中仕事で、昼も夜も帰ってこない。こういうことが垣間見えてきました。

私はいつも教えられるんですが、表面に出ている問題も、何にこだわっているのか、何に困っているのか、何を納得してないのかっていう、子どもの側にある根っこの問題、そこにある葛藤に気づかなければ解決にたどりつけないんです。表面上、言っていることだけでは解決しないということなんですね。きちんと関係を作ってからでないと、自分の思いまでは話してくれないし、本人も気づいてないことがいっぱいあって、こちらは推測しながら整理してゆきます。

このご家庭は、お母さんが一人で家計を支えて、昼も夜も働いていて、彼女は辛かったことや嫌なことがあっても、言ってはいけないと思って、学校の頃もずっと我慢していて、自分の思いや考えを言える人がいなかった。家に帰るとおばあちゃんの愚痴を聞いてあげないといけなかったりして、だんだん自分の顔が生き生きしてなくて、死んだような顔になったと彼女が言いました。だんだん暗い嫌いな顔になっていった。自分の顔を鏡で見るのが嫌になっていった。そういうことも言われました。

この子は何年もかかりましたが、お母さんはとても協力してくれました。彼女が料理をしてくれると、うれしい、おいしいと言って食べて、家の中が明るくなるような会話をして下さいと。

お父さんにもおいしい時はおいしいと言って下さいとね。おじいちゃんとおばあちゃんはなかなか頑固で難しくて大変だったようです。お父さんの部屋を掃除した時のことは、すごく臭かったんだと楽しそうに話していました。少しずつ考え方が明るくなると、顔も明るくなって、お母さんといっしょに仕事をするようになっていったんです。

―聴・家の中の大黒柱として、二人で頑張ろうという気持ちになったんでしょうね。

お母さんが好きだったし、やっぱり、何とかしたいから相談に来てくれるんですよ。こういうケースでは、急に家の中が改善できたり、思うようになったりはしないので、だいたい三年位はかかります。私たちの相談室は有料ですから、お母さんの働いたお金では大変だったと思います。でも、お金を払ったんだからしっかり元を取ろうという人間の心理があるでしょう。それと、お金を払ってでも良くなろうという気持ちがあるので、モチベーションが高いんですね。相手がゴールを目指して来てくれているんです。

◆さみしい時に詩を書く子

中学生で不登校中のTちゃんは、かわいい女の子です。彼女から電話がくるのは、いつも夜十時過ぎと決まっていました。どうしたの？と聞くと、いつも、別に、と言うんです。それ以外は言わない。今どうしてるの？毛布にくるまってる。寒いの？うん。こたつは？電気が切れてる。何時から？ずっと。夕飯は何か食べたの？インスタントの焼き飯とか焼きそば。お母さんは？帰ってこない。いつから？三日前から。といった具合の応答があるのです。淋しい時にかかってくるんだけど、彼女からいろいろ話すことはない。こっちが聞いたことに返事をくれるという感じのTちゃんでした。

Tちゃんはお母さんと二人暮らしで、歳の離れたお姉ちゃんがいるんですが、遠い所へ結婚して行っている。お母さんは働いているんですが、どうも恋人がいるみたいで、帰ってこないんです。たまに帰ると一万円を置いて、そのまま いなくなってしまう。

お母さんもTちゃんも掃除をしないからごみ屋敷になっているみたいです。私も二度、家の前まで行ったんですが、ベランダにごみがいっぱい積んであるのが見えるんです。戸を開けてくれないので、入ることができないんですが、中もああなんだろうなと思いました。

Tちゃんとは、学校の相談員の方の紹介で会ったんですが、家でひとりぼっちの時、大学ノートにいっぱい詩を書いているんです。読ませてもらったことがありますが、本当にすばらしい詩で、わ！すごい詩を書くんだなあ、淋しい時に書いているんだろうなと思いました。

でも、ふと見ると、リストカット*の傷痕がいっぱいあって、足は縦に切っていたりして、両手両足に沢山の傷痕があるんです。でも、お母さんの悪口は絶対言わないんです。だって一万円置いてくれるんだもんと言って。朝は何を食べるのと聞くと、パン！何かつけて食べるの？つけない、という感じで、ほんとに痩せていて、相談員の方は果物とか何かを玄関のドアにぶら下げて、「置いて帰るよ。」と声をかけて帰るんですと言っておられました。

このままではいけないと思ったので、民生委員の方や担任の先生とも相談して、分担していろんな援助をすることにしました。私も、合いそうな洋服を送ったりしたこともありました。

その後、彼女を施設に預けようということになって、いっしょに施設へ面接に行ったんですが、彼女は施設へは行かないと言うんです。どうして行かないの？ご飯もちゃんと出るし、友達もできるよと言うと、施設からの帰り、そこの子たちがみんな窓から私を見ていた、うらやましそうだった、淋しいんだろう、だから行かないと言うんです。その言い方は切実でした。みんなが見ていたあの顔を見ていたら解ったと言うんです。

―聴・皆、淋しさを抱えていて、帰る所があるのをうらやましそうに見ていたと。

だから、私は行かないと言って、絶対行ってくれなかったんです。これには皆驚いて、それからも何とかしようとあれこれと支えました。そうこうしているうちに、中学の卒業が近づいてきて、担任がノートの詩をパソコンで打って、それに見合った写真も入れて作ってくれたので、私がそれを冊子にしてTちゃんの卒業祝いにプレゼントするねと言って、何冊欲しい？と聞きました。沢山作って皆にあげたらいいねと言ったら、Tちゃんは三冊、と言うんです。先生と遠くにいるお姉ちゃんと私と三冊でいいと。

その時、私は思ったんです。Tちゃんにとっての詩は、残すものではなかったんですね。その時の淋しさをぶっつけるものが無くて、感情をぶっつけるものだったんですね。記録に残すとか誰かに読んでもらうための詩ではなかったんだと気づいたんです。だから援助しても、実は私たちは解っていないんです。Tちゃんにとっては冊子なんかにする必要はなかったんです。担任も私もそういうところを解ってなかったなと反省しました。

その後、中学を卒業して、ファーストフード店みたいな所で働くようになりました。お店から制服が出るんですよ。「夏になると半袖を着ないといけないのかなあ。半袖を着なかったらクビになるのかなあ。」って、ちょっと笑いながら言っていました。手首のリストカットの痕を気にしていたのですね。その後、時々連絡があるのですが、クビになったという話は聞かなかったので、長袖を許してもらったのかも知れません。このケースでは、社会へ出るように皆で協力しましたが、中でも、学校の相談員の方はよく尽くしてくれました。

―聴・家庭の中での養育が難しくなると、そのお子さんは施設へ行くことになりますが、施設が嫌だということになると、このケースのように、周りの人たちが支えてゆくことしかなくなってくるんですね。

今、コミュニティの力が弱まっているでしょう。だから、コミュニティがもっと力をつけて、コミュニティの中で助け合うということがとても大事じゃないかと思います。今回のケースでは、学校の相談員の方の力が大きかったですね。

―聴・やっぱり、どこかで愛情に出会うって本当に大事なんですね。

中学もほとんど行かなかったけれど、人柄としてはTちゃんは、けなげでとても良い子でした。子どもは、社会が育てるものでしょう。お母さんだけのものでも、家族だけのものでもない。そんなことを考えさせてくれるTちゃんでした。

＊注・リストカットは、様々な理由から刃物で自分の手首や足などを切る自傷行為。

◆会社へ行ってなかった息子

今日は、アパートの部屋にこもって三年目というU君のお話をします。U君は県外の大学を卒業後、地元から離れた会社に勤務していてアパートに住んでいました。ところがアパートにこもっているらしいということを親が知ったのは相談に来られる一年程前だったそうです。会社へ行っているとずっと思っていたので、びっくりして会社に問い合わせると、会社に勤めていたのは二年間で、退職されて三年たっているとのこと。U君は一言も話してくれないので、親は判らなかったそうです。

会社では、彼は地元に帰って父といっしょに漁師をするんだと言って退職したんだそうです。体が悪かったり、何か問題があったりした訳でもないと言われて、ひとまずそちらの方はほっとしたんですが、この三年間で貯金も無くなっているだろうと心配されて、お母さんが相談に来られました。

判ってからの一年間、段ボールに食糧品や着替えを入れてアパートへ届けていたというので、今までどおりにして、その中に、「いつでも帰っておいで」と一言手紙を書いて入れてはどうでしょうとお話をしました。そして私も彼に手紙を何度か書きました。お会いしたいことを伝えて、カウンセリングルームに立ち寄ってほしい。「麦の家」では水曜日を若者に開放していることや、その案内を送ったりしました。

そのうちに、彼の住んでいるアパートの取り壊しが決まって、そこに住めなくなるんですが、それでも帰ろうとしないんです。この時、お父さんは彼のために長年貯めていた貯金を印鑑と通帳ごと彼のアパートのポストに入れて、いつでも帰ってこいと添えたそうです。その金額を聞いてあまりの大きさにびっくりしたんですが、そのまま彼はいなくなりました。

その後、アパートは取り壊されました。半年後、県外で彼が怪我をしたという電話が入院先の病院からありました。保険証が無いのでお母さんが持って行きました。その後退院して家に帰ってきたそうです。

ところが、帰ってからも部屋にこもっていて、食事も皆がいない時にしか出てこないので、どう関わったらいいんでしょうかとお母さんが随分心配されて、遠い所からよく来られました。私が言ったのは、彼の姿を見た時、お説教をしない。おはよう、今日は天気がいいねとか、お風呂が沸いているよとか、そういう感じで接して下さいと。もし彼の好きな食べ物があったら、今日はあれを作っとくよ、と話して下さいと、そんなお話をよくしました。

その後、神様はうまいことをするなあと思うんですが、お母さんが足を骨折されて動けなくなるのです。お父さんは漁師さんなので、家にいつもはいない。そしたら、彼が掃除や洗濯、食事の支度をするようになってゆくのです。一人暮らしをしていたからできるようになっていたんですね。お母さんは随分助けられたんですよ。

お母さんが元気になると、お父さんと漁に出かけたり、地域の青年団に行くようになったりして、今はお父さんといっしょに漁に出ていますということです。このケースでは、お父さんが長年彼の名義で貯めていた貯金を印鑑と通帳を入れて、いつでも帰ってこいよと、ポンといれたというのは大きい愛情ですね。

―聴・この子の人生の大きなポイントでこのお金を渡したいとお父さんは思っていらっしゃったんでしょうね。今が、この子にとって一番大事な時だと思って…

それも、通帳から百万円とか二百万円とかを引き出して渡したんじゃなく、通帳ごとですから、息子にはこたえますよね。

―聴・愛情を感じますね。

◆お母さん、学校と息子とどっちが大事ですか

県立高校三年のV君は、勉強も良くできて、お母さんの自慢の息子だったようです。三年になってしばらくして、ちょっと学校へ行きづらくなったようで、休みがちになって、次第に家に閉じこもるようになったんです。お母さんには理由が全く解らない。何を言っても返事がない。それで相談に来られました。

どんなお子さんだったのか、家族はどんな風に接してこられたのか、そんなところからお話を伺いました。お話の中で気になったのは、お友達が少ない子だったというんです。家でもあまりしゃべらない、無口な子だったというんです。

まず最初にお母さんにお願いしたのは、何があったの？ どうしたの？ と、あれこれ聞かないで下さいと言いました。言えないから言ってないのだから、言う気がないのに聞くと、関係がこじれるばかりでしょう。まずは普段どおりに。でも、何かにエネルギーを使っていて、納得していないことがあるのか、困っていることがあるのか、腹が立っていることがあるのか、何かがあるはずです。それに向き合えるまで、まずは待ってあげて下さい。今は疲れ果てているので、エネルギーを貯めてあげて下さいとお願いをしました。普段どおりに、はいご飯ですよという風に

ね。一緒にテレビを見ない？　あんたの好きな野球が始まったよとか、お母さんに努力をしてもらいました。なかなかできないんですが、一生懸命されました。

　そうすると、一週間程したら、彼が少し落ち着いてきたというんです。そこで、お父さんに関わってもらえないでしょうかとお願いをしました。お父さんとは会わずに、お母さんを通じてお願いをしました。いっしょにドライブに行くとか、元気か？と声をかけてもらって、日曜日には本屋へ行くけど一緒に行かないかとかね。

　そしたら、だんだんお父さんと一緒にドライブに行きはじめて、そうするとだんだん彼が行動したくなったようで、ガソリンスタンドでバイトをしたいと言ったんです。お母さんはまたあわてて、学校はバイトを認めてないんですけどと言われる。そこで私は、お母さん、学校と息子とどっちが大事ですか？と聞きました。

―聴・校則で決められていたら、私もちょっとそれはやめようと言ってしまいそうですが。

　その時は、学校へその旨を言ったらいいんですよ。家から出られない息子が言っているので、ちょっと行かせて下さいと。私はガソリンスタンドで良かったと思ったんですよ。ガソリンスタンドは吹きっさらしで、夏は暖房、冬は冷房、そこでお客さんにいらっしゃい！と大きな声を出さないといけない。車にヘタに触ると怒られるし、面倒なお客さんがいるし、車のごみを捨てたり、手が汚れたり、人生で味わえないことを山ほど味わいますよとお母さんに言いました。これは彼にとって良い環境ですよって説得しました。

彼はそこで数カ月働きました。その後、彼はお父さんと釣りにも行くようになって、だんだん良くなっていったんです。彼は自分の意見が学校で言えないというくやしい思いがあったんだと思います。言いたいことが言えなかった、誤解されたというような、何かがあったんだと。おそらくこれから大学へ行っても、自分の考えも言えない、反論もできないようでは、今後どうなるんだろうと自分で思ったんですね。

それまでの人生では、それでよかったんです。人に好かれるし。ところが、ある辛い経験で、彼の中に何か変わらなくてはという気持ちが起こったんですね。だから、ガソリンスタンドが良かったんだと思います。それで、三年生は留年したけれどその後大学へ行きました。

―聴・お子さんが自分で突破口を見つけていった訳ですね。

お母さんに言えなくても、本当は困っていることとか、納得していないこととか、嫌なこととか、つまずいていることがあるんですね。必ず。でも、青年期は格好をつけたい頃で、自分の弱いところを見せませんから、根掘り葉掘り聞かないで、それよりも普通に接して、ちょっとエネルギーを貯めてあげて、それから少しずつ関わってゆくのが一番いいですね。

◆子どもの積極性を引き出す

W君の家では、三歳上のお兄ちゃんが高校に行かなくなっていました。お母さんはお兄ちゃんにつきっきりで、それを見ているW君はおもしろくなかったんでしょうね。風邪をひいて学校を休んだ後、W君も学校へ行かなくなりました。それでもお母さんは部屋から出てこないお兄ちゃんにかかりっきりなんです。弟は退屈でつまらなくなって、外で遊びだしたんです。夜になると友だちの家へ行ったり、土日も友だちと出かける。家ではゲームばかりです。お母さんは、言うことを聞かない兄弟に困りはてて相談に来られました。

そこで、お正月に家族で旅行をしてはどうでしょうと提案したんです。弟は大乗り気でどこへ行くの？と大騒ぎですが、お兄ちゃんは話に乗ってこない。そこで弟に、お兄ちゃんを説得してくれたら行くよと言って、お兄ちゃんの説得係になってもらいました。

最初は簡単にいくと思っていたんですが、お兄ちゃんは乗ってこない。弟は知恵を絞って、おやつを持っていったり、旅行案内をいっぱい持っていったり、そのうち勉強を教えてと勉強道具を持っていったりするようになりました。お兄ちゃんはうるさがりながら次第に弟と仲良くなってゆくんです。

そこからが両親の出番になるんですが、ご両親の対応が良かったと思います。行き先を子どもに決めさせる、スケジュールを二人に作らせる、全体の会計はお兄ちゃんに任せる。お父さんは相談に乗り、お母さんは持ってゆくものを準備する、と役割分担をしました。

私は、絶対分担を守ってねとお母さんに言いました。その後、沖縄に行きたいという弟と北海道へ行きたいと言う兄とで侃侃諤々《かんかんがくがく》で決まらなかったんですが、お兄ちゃんが譲って沖縄に決まりました。とっても楽しい旅行だったそうです。弟は旅行から帰ってすぐ登校するようになったんですが、お兄ちゃんも二月になって登校するようになりました。

このケースで思うことは、信じるとか、任せるとか、自分でやり遂げた体験を作ることで自信をとり戻すんだということです。自分に対しても見方が変わるというか、不登校している子はどこかで自信を失っているんです。いつも良い子で、友だちにも自分の意見が言えなくて、流されていたりして、ためこんでいる子が結構多いんです。

高校生の不登校の人たちの中にこういうケースがかなりあります。お兄ちゃんもそういうケースで、弟とガンガンやり合って自分の意見が出せたり引いたりできたことが良かったのではないかと思います。

最近よく思うのですが、雑談のある家庭はOKですね。言える相手がいるということ、相手の返事がずれていてもいいんですよ。聞いてくれる人がいれば。

――聴・気持ちを共有してくれる時間ってうれしいですよね。それにご両親も思い切ってよく任されましたよね。ついつい、自分たちがやった方が早いのでやってしまいがちですけど。

最初の頃は、引きこもっていたお兄ちゃんが中心の家だったんですが、W君が家中を引っぱって、結果的には良い方向へ持っていったんです。それはご両親の対応が良かったからということでしょうね。

◆〇〇駅で会いましょう

引きこもりの若者にネットで呼びかけて、外へ引っ張り出す活動をしている方が大分市にいらっしゃって、学会の研究発表に来られた時にお話を聞きました。その人自身も引きこもりの経験があるという三十歳代半ばの方ですが、その方は、自分が引きこもりから脱出した時の苦しさを思い出して、この活動を始めたということでした。彼の発表の中でとてもインパクトのある、心に残ったことがあるんです。沢山のお話の中で、当事者でないと絶対解らない発言がありました。今も心に残っています。

それは、ネットで呼びかける時は、〇〇駅で会いましょう!とか、人が大勢いるところを会う場所に必ず選んでいるということです。私たちは、皆の目を気にしているだろうからと、人が見ていないような場所を選んだりします。でも彼は、僕はよく駅を使ったりしますと言われたんです。人がいっぱいいる、しかも昼間の時間を選ぶんだと。

その理由は、例えばマンションの一室で夜に会いましょうと言えば、来やすいから若者は来るでしょうと。そういうこともしてみたことがありますと。でも、それはその場だけで進歩がないことが判ったんです、失敗したんだと言われました。

部屋で会って帰ってそれで終わりで、進歩がない。来てもじっと座っているだけ。引きこもっている者が人ごみの中に入るのは大変なことなんだと。人ごみの中に入った時の心臓は、火の中に栗を投げ入れた時みたいにパーンと弾けて、バクバクしているんだと、彼はそういう風に言ったんです。その火傷をする覚悟が大事なんだと。だから駅前へ行く時は、思い切って目をつぶって人の中に飛び込むんだと。でも、側に僕らもいるよ。皆もいるから絶対大丈夫だからと言って来てもらうんだと。今まで辛かったけど、これでゴールだよ。心臓バクバクも一回したら、今後、もうこれ以上になることはないからと言って応援しているんだそうです。

その後、皆で食事をしたりして、また次に会おうねと呼びかけてお別れをするんだそうです。その後も来てくれると、駅前で焼き芋屋の屋台を借りて売ったり、チラシ配りのバイトをもらってきて皆に配らせたり、そういう活動をしているんだそうです。私たちはできないなあと思いました。

私たちの「麦の家」では、毎週水曜日に、城山へごみ拾いに行ったり、皆で映画を見に行ったり、卓球をしに行ったり、料理をする日を決めて活動したりしていますが、私は来てくれる人にいつも言うんです。何であなたの中に魂が宿っているんだろうね。私の中にも魂が宿っていて、何で私なんだろう？　といつも考えるの。私と歳が同じだったジェームス・ディーンというすごい俳優さんが二十歳位で死んだんだけど、あんなすごい人が若くて死んで、どうしようもない私がこんなに長生きしているのは何か意味があるのかなって、いつも考えるのよ。あなたにも生きている意味がきっとあると思うので、自分の意味をちょっと考えてみようねって言うことにしています。

◆毎日明るいことを一言

引きこもりを長期化させないために、何をするのが一番いいのか、これは沢山のご本人とその家族に出会って学んだことです。まず、部屋に閉じこもっていて、声をかけるとうるさがられても、必ず部屋の外からの挨拶から始めてほしいのです。「おはよう。」「お休みなさい。」「お母さんこれから寝るわよ。」この声で子どもは台所へ行って何か食べたり、お茶を飲んだりできます。必ず日常の声をかけてあげる。「梅雨に入ったからムシムシするね。布団を入れ替えようか?」「洗濯物は部屋の外へ出しておいてね。」そんな会話を少しずつ増やしていってほしいんです。うるさがられたら、ごめんね、でいいんです。それでも短くていいから繰り返してほしいんです。

これを実行された方は、皆さん成功されていますから、効果があるようです。誰でも、見捨てられたら嫌ですもんね。トイレから出てきた時はチャンスなんですよ。その時に、「まだパジャマなの?」とか、「顔色が悪いなあ」などと、マイナスのことを言わない。「冷蔵庫に麦茶冷やしているよ。」「お母さんちょっと買い物に出てくるから留守をお願いね。」とか、明るいことを一言でいいんです。頼んだのにしてくれなかったというところへは気持ちをもって行かないように。相手は自信を失っていますから、そこに気を付けてほしいんです。

食事を自分の部屋でしている時は、メッセージを置きます。続けていると、「お母さん今日髪を切ったのよ。」とか、書けるようになってきます。くどくなく、あっさりと続けられるといいですね。例えば親戚に冠婚葬祭があった時などは、「○○さん結婚するんだって。」とか、「あそこのおばあちゃんが亡くなったのよ。」とか、そういうことから部屋の外へ出るようになることもあります。「本屋へ行くけど何か欲しいものはない？」とか声かけができるようになると、一緒にドライブに行けるようになったりします。

引きこもっている子の中には、本を読む子と、本は読まないでゲームとかネットをずっと見ている子がいますが、本を読む子の方が立ち直りが早いような気がします。お母さんが本を買ってきて、これ見てみない？と渡すのもいいですね。読もうと読むまいと勝手で、お母さんが関心を示してくれていると思うことが大事です。僕を変えようと思ってこの本を持ってきたなと思わせるような本はやめた方がいいです。敏感になっていますから。テレビも、サッカーの好きな子なら、今、サッカーをやっているよ。サッカーのルールを少し教えてとか、ともかく関心を持ってゆくということが大事です。社会に関心を持ち出したらＯＫです。政治のことなんか言いだしたら聞いてあげるといいですね。

引きこもっていた子が、部屋から出て食事をするようになってきたんですね。だけどお母さんは、何を話していいか解らないので困っているとご相談に来られた方がいました。話題が無いんだそうです。でも子どもの方がもっとオドオドしているんです。彼も必死なんです。お母さんもオドオドして当たり前なんで、それでいいんですよ。「今日のお味はどう?」とか、「お替わりもあるよ。」と言えることを言って下さいと言いました。そんなことを言いながら、時間がかかりますが、元気になっていかれた方が大勢います。

このご相談に来られた方も、彼が大きいミカン農家の跡取りとなって、今は助かっていますということでした。自分はみっともなくないんだという思いにさせてあげることが大事で、あなたが大好き!が伝わるように。「大好き」を伝えるのは家族にしかできないんですよ。日常の会話を嫌がらずに、あなたと一緒にいるとうれしい!が伝わることから始めていただけたら一番早いと私は教えられています。

立派な話から「大好き」が伝わったりはしません。

III

問題行動いろいろ

◆問題行動はメッセージ

子どもが、親から見ると気に入らない、様々な問題行動を起こしますが、私は、それは子どもからのメッセージじゃないかと思うんです。そのメッセージをちゃんと受け取ってあげると改善できることがあります。そこを、気に入らないから直しなさいと、親の思い通りに直させるのはちょっと無理があるということが、たくさんのケースの中に見受けられます。今日は、その中からお話をしてみます。

朝起きないとか、親の言うことをきかないとかいって、子どものことを結構非難するお母さんがいます。謙遜をしているのもあるでしょうが。そんな方の子どもさんにお会いすると、お母さんが言っているイメージ通りの子ってあまり来ないんです。あれ？　お母さんが言っていたイメージとは全く違うなと思うようなお子さんが来ることの方が多くて、何故だろう？　何でこんなにも親子の間でズレがあるんだろう？　と思うことがあります。

子どもさんからお母さんのことを聞いた時は、案外ピタッとした人が来るんですよ。ところが、お母さんは子どもの一面しか見ていない。自分の気に入ったところ、気にいらないところに分けているのかなって思うようなことがよくあります。案外お母さんはこんな風に決め付けて、自分の気に入らないところは受け入れないことが多いですね。

反発する子も良い子も、どっちもお母さんが好きで、それで取っている行動なんです。親からみれば問題と思える行動は、全て「子どもからのメッセージ」と受け取ってほしいですね。下痢をしたり体調を崩したら、何か原因があるでしょう。それと同じで、子どもが問題行動を起こしたら、必ず原因があります。学校で何があったんだろうか、友達と何があったんだろうか、体を壊しているんじゃないかとか、そっちの方を聞いてあげたり、相談にのってあげたり、その方がいいなあと最近すごく気づかされています。

ー聴・親にとっては問題行動だと感じる、親はその一面しか見ていないということですか？

我が家の場合ですが、とにかく片付けない。学校から帰ったら、ランドセルとか服とかも玄関に脱ぎちらかしなんです。それがもう目について。

それは、子どもがかまってほしいんです。褒めることを増やしたら、そんなことはしなくなります。褒めるのが少ないかもしれませんね。かまってほしい時は、怒られてもいいからいろいろやります。スーパーへ行った時、お母さんが立ち話をすると、子どもはお母さん、お母さんと言って腕を引っ張るでしょう。お母さんがうるさい！　なんて言っても、引っ張るでしょう。「こっち向いて」というメッセージですよね。

ー聴・我が家の場合はどういう風に対処したらいいんですか？

玄関にこうやって放っておくのが好きなの？　私は嫌いよ、でどうですか？　あなたは好きなの？って。私が通りにくいのよって、一度でいいからお母さんは困るなあと、叱るのではなく気持ちを伝える。

―聴・頭ごなしに怒るんじゃなくて。

お母さんに叱られてもいい、かまってもらいたいからやっている。親がちょっと変わると、子どもは変わるんですよ。

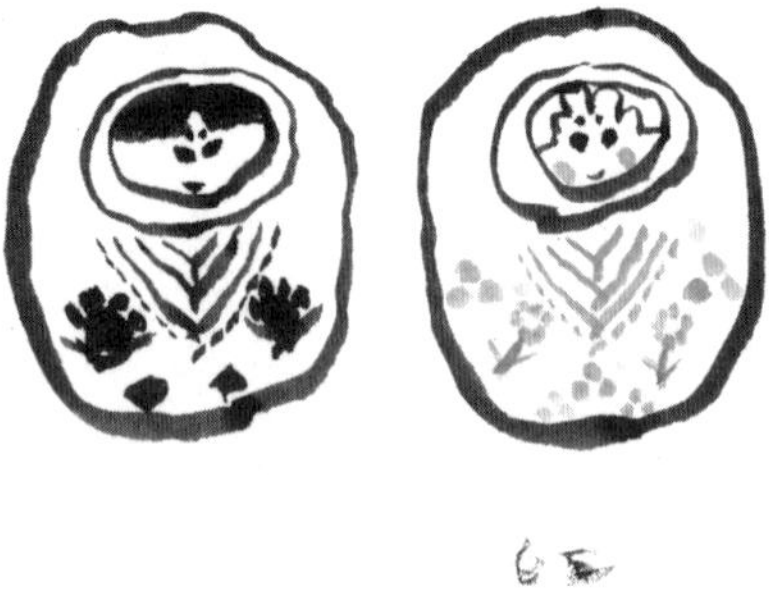

◆爽やかな挨拶をする少年の心の内

Y君は四人兄弟で、お兄ちゃん・お姉ちゃんがいて、歳の離れた末っ子です。長男は病気がちでずっと家にいたけれどあまりY君と接触がなかったようです。次男と長女は不登校で家にいたので、Y君はその二人に甘えて育ったそうで、おとなしくて優しい子だったようです。そのY君が中学二年の頃不登校になって、お母さんが相談に見えました。友だちも多くて勉強も良くできる子で、なぜ学校へ行かないのか理由が解らないとお母さんが言います。

Y君に会うと、にこにこと爽やかな挨拶をするすごく可愛い少年で、何の心配もない様子なんです。お母さんはしばらく相談に来ていたんですが、フリースクールへ行くようになったということで、相談に来なくなりました。

次に会ったのは、高校二年の時でした。相変わらず明るいY君でした。その後高校を卒業して予備校に通っていると聞いて安心していたのです。ところがその後、お母さんから電話があり、家で暴れている、怖くて夫婦で外へ出ている、助けてほしいということでした。

急いで家へ行ってみると、両親は外で震えていました。寒い頃だったんです。何があったのかと聞きますと、解らないと両親が言います。私が家へ入ってみると、ガラスが散乱していて足の踏み場もないような状態でした。スリッパを履いてガラスを避けながら入ってゆくと、ああ、先生！と言って彼が出てきました。いつもの明るい彼なんです。二階に上がって座る所を作って、二時間ばかり彼と話しました。下で両親がガラスを片づけるガサガサという音がずっと聞こえていました。彼には深い思いがあるのは解るのですが、言いません。相変わらず何かケロッとしたことばっかり言うんですね。その日は、それでも落ち着いてきたので、日を変えてゆっくりまた話をしようねと言って帰りました。

—聴・先生が行く前までは暴れていたのに、先生が行って話をしてからは落ち着いてきたんですね。

そう、何があったのと聞いてもなかなか言いませんが、それでもこの子自身がまだ十分整理ができていない。自分が困りきっているんだなということは解りました。その後五日ほどして、お母さんからの電話で、朝起きたらY君がいなくなっているというんです。随分機嫌よくなっていたのに、自転車が無いというんです。その日、皆で探し回ったら、夕方、港に自転車が放置してあって、そのまま行方が判らなくなりました。両親はオロオロするばかりなんです。末っ子がかわいくて期待が大きかったんでしょうね。

警察に全国手配をしてもらって、三日後に警察が彼を見つけてくれました。彼はお年玉でもらったお金だけを持って出ていて、死ぬつもりだったようで、有名な自殺の名所にいました。彼は相当思いつめていたんです。彼は、いつもオロオロしている両親に対して、自分はいい子でいて家の中を明るくしようと頑張っていたんですね。

いざ大学進学を目指した時、中学で不登校をしていたので基礎学力が無い。それを人に言えない。皆は期待するけど、やってみたらできない。でも本音を話せる人がいない。友だちと会えば明るいいい子で、調子よく付き合っていて、泣き言を言える友だちがいない。自己主張するすべもない。だから、この子は自信を喪失していた結果だったんです。それからは、彼に自己主張ということを時間をかけて学んでもらいました。彼が私に「違う」と言えるようになると、「言えたね」と確認し合ったりもしました。

―聴・自分に自信をつけてゆくためのことを先生がされていったんですね。

カウンセリングというのはだいたいそういうことが仕事になります。問題を自分で気づいてなかったり、伏せていたり、言ってはいけないと思い込んでいたりしますからね。彼も、いい子でずっと皆に好かれていたというのはとても重かった。好かれている時はいいんだけど、どんどん重いものが心の底へ溜まっていったんでしょうね。

◆友だちの家から帰らない

今日は、夜遊びをして家に帰らなくなったAちゃんのお話です。高校一年の夏休みになって、友だちの家へ夜も出かけるようになったAちゃんが、夏休み明けから友だちの家に泊まると言って出かけるようになったそうです。朝帰ってきて登校したりして、叱ると帰ってこない。出て行くと言うので、登校しているんだからまあいいかと思って、お母さんはあまり強く言えなかったんです。

その後、一週間経っても帰ってこないと相談に見えました。お話を聴くと、Aちゃんは中学の頃からお友達が少なかったようです。高校の夏休みにお友達ができて、お母さんは、お友達ができて良かったなあと思っていたそうで、あまりうるさく言わなかったようです。楽しそうなので安心していたと言われました。学校から、この一週間登校していないという連絡があって、びっくりして、一度は風邪をひいていることにしていたんですが、困ってしまっていると。

私はお母さんに質問をしました。相手の家は判っていますか？　お友だちはどんな子で名前は判りますか？　いつ頃出会った子ですか？　相手はどんなご家庭か判りますか？　その他、何でも知っていることを話して下さいとお願いをしました。一人っ子のAちゃんとお母さんはとても仲良しで、それでお友だちができにくかったというか、学校から帰ってくると、お母さんと買いものに行ったりお母さんと何かをしていれば良かったような子だったんですね。

お母さんはAちゃんにどっぷりですから、あれこれといっぱい探っているんです。そんなお母さんから少し逃げたかったのかなと思うくらい、行っているお家もちゃんと知っているし、何でも良く知っていました。子離れもなかなかできないんですね。

そこでお母さんにお願いをしました。お家が判っていたので、封筒に一万円を入れてお菓子箱と一緒に親御さんのいる時間帯に挨拶に行って下さい。行ったら、最初は菓子箱だけ出すて、申し訳ないことをしています、感謝しております、ここのお家なので心配はしてないのですが、迷惑をかけていて申し訳ありませんとお詫びをして下さい。その上で、相手のお話を良く聞いた上でもう一回お詫びをして下さい。私共が聞いても何も言ってくれないので、そちら様から帰るように言っていただけないでしょうか？　困っていることがあったら何でもおっしゃって下さいませんか？　という風に伝えましょうと。

―聴・相手のお家の方は困ってなかったのでしょうか？

困っていてもなかなか言えないでしょう。自分の娘が連れて帰っているんだから。それと、こういうケースは、家の大人が昼間働いていていて留守の家が多いです。誰か大人が常にいる家には子どもは行きませんね。Aちゃんには、いつまでも未成年の若者がよそ様の家にご迷惑をかけているというのはダメなことなんですよとちゃんと伝えましょうと。会った時は決して怒らない。帰る時に、食事代の足しにして下さいと一万円を置いて帰りなさいと言いました。先にお金を出さない。お金を出せばいいんでしょう、と誤解されると困りますから。お母さんは一生懸命練習をされました。お母さんが挨拶に行った二日後にAちゃんが帰ってきました。それからは生活態度も良くなってゆきました。お母さんが学び直されたんです。このケースでは、私はAちゃんにお会いしなかったんですが、お母さんが子どもに対してとか、よその家に行った時の挨拶の仕方とか、全部一生懸命勉強されました。

―聴・お母さんも成熟してゆくというか、そういうことを…

そう、それはものすごく大事ですよね。よく、子離れとか親離れとか言いますが、いろんな形でそれができない場合があります。子どもは育ってゆきたいのに親の方が追っかけたり、親は出ていってほしいのに子どもが出ていかなかったり、バラバラです。今、子どもが少ないでしょう。夜遊びから家を空ける場合は、早めに相手のお家へご挨拶に行くことが大事ですね。決まった時間に帰ってきている間はいいのですが、一回でも泊まった時は、ご迷惑をかけましたと挨拶に行くことが大事です。子どもはまだ親の監視下にあるんだということ。そして子どもには、自分の方を親がちゃんと向いてくれているという安心感もできると思います。

◆両親のけんかに耐えきれず

この家庭は、お父さんが単身赴任をされていて、両親が電話でよくけんかをしていたらしいんです。B君はお父さんが大好き。電話での話を聞いていると、お母さんの声しか聞こえないんですが、お母さんがお父さんにすごいことを言う。ある日、彼が私に夜中に電話をしてきたんです。今いいですか？って言う電話でした。私は翌日仕事があったので、今日はダメと言ったら切ったんです。

その後、夜中の二時頃、我が家の電話が鳴って、出たら保健師さんでした。彼が今、線路伝いに長谷川さんの所へ歩いて行っているから頼むというのです。保健師さんは携帯で彼を説得していたらしくて、私も彼に電話をかけたら、もうバッテリーが切れるから行きますって言うんですよ。二百㎞くらいある遠い所から歩いて。道を歩いたら警察に届けられたりするから、線路なら夜は汽車が走ってないから大丈夫、行きますと言うんです。最後に言った言葉は、「僕は家にいたら母を殺しそうだから行きます」でした。引き受けざるを得なかったですね。

翌朝八時に松山に着きました。松山駅へ迎えに行って、三日程我が家へ泊めていろいろ話を聴きました。B君とは保健所で会っていた子で、お母さんの相談を受けていました。B君は、自分の目を入れ替えたいとか、顔を削りたいとか、むずかしいことを言っていたんです。彼はお父さんと顔がそっくりなんです。それで、お母さんがお父さんのことを悪く言うから、お母さんは自分を見たらいやなんだろうと思って、そういうことを言うんです。

お父さんが来られて、彼の面倒はお父さんがみるという風に話し合われて、その後離婚もされました。ですが、彼は、下の妹が心配だ、自分だけが出ていいんだろうかと言うのです。この芯の優しさが混乱させるのだと思いました。本当に根性のねじれた子だと、そういうことを言わないんです。彼はその後、家に帰れなくて施設に入りました。高校も施設から通いました。

そんなある日、お母さんが家に帰ったら彼がいて、季節の変わり目だから服を取りに帰ったと。彼が話しかけてくれたとお母さんがすごく喜ばれていました。その次には、妹に自転車をやろうと思って自転車を磨きに帰ったと彼が言って、そんな風に、ちょこちょこと家に帰るようになったんです。その間、お母さんは、謝ったりハガキを書いたり、いろんなことを一生懸命されました。その後、彼の大学進学はお父さんが面倒をみられて、彼は心理学の方へ行ったんです。大学の願書に書いた小論文を見せてもらいましたが、自分の心理が丁寧に書かれていて、すごいなあと思いました。

私は、家族には力があると思うのです。ちょっとしたきっかけで、ちょっと子どもの方へ向きを変えていただくだけで、子どもはとても助かるのです。子どもは、すぐには解りましたとは言えないけれど、少しずつ心を解いてゆくんです。このケースでは、お母さんが偉かったなあと思います。施設へ行っても彼が会ってくれないんで、根気よくハガキを書いたり、いろんなことをやってくださった、そんなお母さんの思いは彼に伝わったと思います。

―聴・自分自身に起因する問題というより、家族だったり友人だったり、周りの不響和音から影響を受けて嫌になるというケースは多いのですか？

やはり、誤解したり思い違いをするケースはものすごく多いです。しっかり話し合いがされてない。昔で言えばいろり端での団らん、ああいう食後の団らんが少ないですよね。自分の部屋へ行ったり、食後もテレビを見たり携帯を見たりとかいう感じでしょう。家族のコミュニケーションをもっと大切にしてもらいたいと思います。

◆万引きをした時の対応

万引きには、一過性のものと、根深い問題があるケースがあります。その時の対応によって、その後が違うということをお話したいと思います。

ある結婚式で知ったお話です。花嫁から両親へ感謝の手紙を読むというのがありますね。その花嫁さんが読んだ内容なんです。彼女が中学二年の時に何故かイライラしていて、万引きをして捕まったんだそうです。何を聞いてもうつむいて話さないので、警察が来て、そこへお父さんが呼ばれたんです。父親は、娘の万引きの話を聞いて、「自分の育て方が悪かった。この子に罪があるんなら、その罪は私の罪です。私を罰して下さい」とおっしゃって、その場で土下座をされて謝ったんだそうです。それを見た彼女は震えてしまったそうです。帰る車の中でも、お父さんは一言も怒らずに、家に帰るなり、一度だけ叩くぞ、覚悟しろ！と言って、思いっきりほっぺたを叩かれたそうです。ほっぺたは赤く腫れたけど、そのことについては、その後触れることは一度も無かったそうです。でも彼女の中には、あの日の土下座をした父の姿と、ほっぺたの痛さは今も消えることがありません。お父さんごめんなさい。お父さんのおかげで、私は反抗期も乗り越えて真っ直ぐに育ちました。ありがとうございましたとおっしゃったんです。会場はシーンと静まった後、拍手が沸き起こって、泣いている人もいました。

　子どもは、時には道を外れます。その時に、大人がどう関わるかが、その子の将来に大きく影響するのではないかといつも思います。

　子どもが、コンビニでガムを盗んできました。どうしましょうというお母さんがいました。その方に、この結婚式で聞いたお話をしました。するとお母さんは、その日すぐに、子どもをつれてコンビニに謝りに行ったそうです。この行動力と、気づいたらすぐ改善する勇気のあるお母さんの子どもは大丈夫です。

　人は、間違いを犯すことがあります。反抗期だったり、友だちとうまくいかなくてイライラする時に、ちょっとした悪さをすることがあります。そういう時に、長引かせないで、きちんと向き合うことが大事ではないでしょうか。

◆子どもが警察に追われている

今日は、引ったくりをして逃げたC君のお話です。ご両親が相談に来たんですが、息子が引ったくりをして帰ってこないということで見えました。ご両親は、警察からの知らせで知った訳です。十八歳のC君が警察に追われている、心配でたまらないと。今まで非行歴も無く、高校も卒業しているし、家業も手伝うようになっていたそうです。

話では、お年寄りのバッグを引ったくって財布から○万円を抜いて、バッグにあったカードからお金を出そうとしたけれど出なくて、そんなことをしていたために警察に知られて逃げているということでした。お母さんは、そんなことをする子じゃないと。もう理解ができない、心配で仕方がないと何度も言われるんです。お父さんは、情けない、とにかく警察より先に見つけたいと言われるんです。

友だちとか親戚とか、行きそうな所をご両親は探すんですが見つからない。彼が持っているのは○万円で、あまり多くない。遠くへ行っていればもうそろそろお金が無くなる頃で、次の犯罪を起こさないことが一番重要だと。そのためにも電話が掛かってきた時が勝負ですよと伝えました。困ったら必ず電話が掛かってくるから、その時絶対にとがめない。どうしたの？とか何やっているんだとか、どこにいるんだとか一切言わない。元気か？　食べているか？　とまずこれを言って下さいと。Ｃ君が何を言っても怒らないで、心配していることを伝えてください。声が聞けて良かった。電話を掛けてくれてありがとう。そういうことを言ってください。その後で、お金あるの？　と聞いて下さい。どこにいるかは聞かない。無いと言うでしょうから、送るよ、そこの近くの郵便局へ送るから、郵便局を探しなさい。お金が届いたらそれで帰ってきなさいと言って下さい。

警察が探していることは絶対言わない。自殺の心配が出てきますよね。お父さんとお母さんはメモを取られて、電話が掛かってきた時の練習をされました。三日目に電話があって、お金を送ったそうです。警察にも届けて、彼がその郵便局でお金を受け取って外へ出た所で捕まえて下さいとお願いをしたそうです。警察は、親がそんな風に子どもに向き合っているのが解ったので、親を信用してくれたそうです。その後、立ち直りましたというお母さんからのお礼の電話があって、いろいろお話を聞くことができました。

―聴・悪いことをして逃げている子どもからコンタクトを取ってくる、その時の声のかけ方が特に大事だということですね。

掛けてくるということに意味があります。助けて！ということです。困ってなかったら掛けてきません。どうせ怒られると思ったら掛けてきません。万引きなどをしても、一過性の子どもが多いんです。一回してその後しない子もいっぱいいるんです。そういう、好奇心でやった時のことを、どれだけいい方向に持ってゆけるかというのは大事ですよね。それを傷にしてしまわないことです。また、反省をされる時も親の愛情がとても大切です。

◆万引きをやめない理由

父親にいくら怒鳴られても、いくら叩かれても万引きを止めなかったD君のお話です。最初にD君に気づいたのは、近所の方でした。この方は、夜中、寒いのにD君がベランダに居るのを見て、何度も見かけるので警察に連絡をしたんだそうです。そこで判ってきたことは、D君が万引きをするので、お父さんが言い聞かせても治らない。ついに怒ってベランダに出しているということなんです。

警察は、叱るのはいいけど、乱暴をしないようにと言って帰ったそうです。お母さんも、何とか万引きをやめさせようといろいろして、学校の先生からも言ってきかせてもらったり、D君の言い分を聞こうと思って、何があったの？と聞くんですが、しばらくするとまた万引きをするので、本当に困っているというご相談でした。

詳しいことを聴いてみると、万引きする品は、消しゴムとかノートとか、駄菓子類とか、ちょっとしたもので、高級品は取ってないんです。それらの品がD君に無い訳でもなく、買ってくれない訳でもないんです。なぜ取るのか、理由が解らないと言われます。万引きをすると、一番困るのはD君だとお母さんは言うんです。

お父さんにあんなに怒られたり、ベランダに一晩中出されていたり、折檻されるのが解っているのに繰り返すので、私たちは情けないんですと。お父さんは我慢ができなくて、今度は外から見えないように、ベランダに低く縛りつけたりするようになっていったんですね。

その頃に、私はD君に会いました。最初はトランプをしたり、絵を描いてもらったりして、少しずつ解ってきたことは、彼はずっとかまってもらったことが無かったんじゃないかなということです。悪さをすると叱ってくれて、こちらを見てくれるんですね。D君は、何気なくした万引きで家中が大騒ぎをして、お父さんが怒ってくれるんで、しばらくするとまた怒ってもらいたくなってやる、という習慣がついたんじゃないかな？ということが解ってきたんです。

そこでお母さんに、小さなことでもいいから認めたり、褒めたり、かまってあげてほしいとお願いをしました。しかし、あまり効果が無かったんです。それでD君に、色紙を切って、家族の図を貼ってもらいました。その図を見ると、どうも彼が一番大事に思っているのは、お父さんなんです。この子はお父さんにかまってほしいんだと。

それで今度は、お母さんからお父さんにお願いをしてもらいましたが、このお父さんは、人の話を聞いてくれない。悪いことをしたヤツを親が怒って、何か文句があるのか！　お前、誰に言われてきたのかという感じで、お母さんが逆にDVに会いそうな感じの方だったんです。お父さんの協力が全く得られなかったので、とても時間がかかりました。少しでも子どもを理解しようとか、自分を改めようとしてくれるといいんですけど、大人は子ども以上に変われないですね。

自分の長い歴史の中で、自分を変える勇気を持つという親は、なかなかいないです。

　このケースは、D君に会えたから良かったんです。お父さんの協力を得られなかったので、地域の民生委員さんや保健師さんや、皆の力を借りて関わりました。

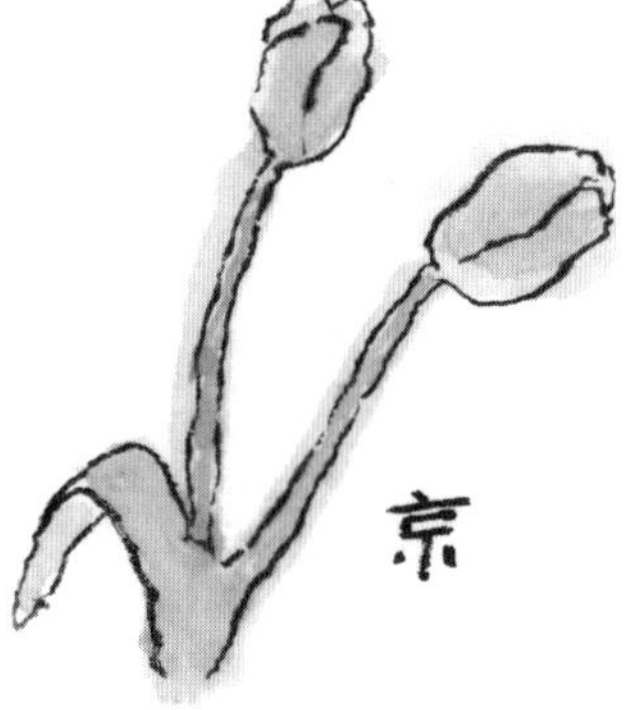

◆借金してまで息子のいいなりに

最初ご相談に来られた時に、お母さんの服装が、だらしがないのとも違う、何かみすぼらしい感じだったんですね。なのに、がっちりした鞄から立派な出納帳を出してお話を始められたんです。どういうお話でしょうかとお聞きしたら、その出納帳に今まで息子に出したお金をずっと書いていらっしゃるんです。このお母さんにとって、この出納帳が財産か宝物みたいな感じでお話をされました。

よくお話を聴いてみると、息子さんは少年時代に友達に物をあげて遊んでもらうような子どもでした。お母さんが溺愛して、物を買い与えていたらしいんです。おもちゃもすぐ人にあげたりする子だったらしいんです。大学を卒業した時に新車を買ったらすぐ事故を起こして、お母さんはローンだけを払うことになったんだそうです。彼は仕事はするのですが、金遣いの荒さがエスカレートして、友達との飲み食いも全部おごるんです。お母さんがお金がないと言うと、じゃあ強盗してもいいのか、今から強盗してくると言うんです。「強盗？　どうぞ」と言えばいいんですけど言えない。お母さんはこのことをお父さんに言えないんです。だから借金が増えて、手に負えなくなってご相談に来られたんです。借りている種類が多いので、私はすぐこの方を消費者組合に連れて行きました。子どもさんはもう二十七歳位になっているんです。ご主人は、奥さんの様子をみて、生活費もちゃんと渡しているのに、何でそんな恰好なのかと疑わないんだろうかと思いました。

—聴・長谷川さんのいろんなお話のケースに共通して言えることは、最初は小さいケースだった、あるいは少額だったけれど、だんだんエスカレートして大きくなっていくケースがかなり多いですね。そこに行き着くまでにもっと早い段階で、あるいは始まる前に手立てを打つというような必要を感じるんですが。

ある子が、「この家おかしくなっている」と小学四年生の頃言ったけど、あの時、どこが？ってちゃんと聞いておけばよかったと言われたお母さんがいて、そのことを子どもに伝えたら、子どもが目を輝かせて、それ覚えてくれていたのかと言って、そこから立ち直った子もいるんです。だから、やはりその時になおざりにしないで、何があったの？とか、お母さんじゃダメ？とか、向き合ってあげる時間が必要じゃないかと思います。ちょっと気づいた時にね。

—聴・二十七歳といえば立派な青年ですよね。で、お母さんが相談に来られて、どうなりましたか？

このお母さんは、消費者組合でもう借金ができないようにしてもらいました。お父さんには死んでも言えないというのです。今後、お金を息子に絶対出さないという覚悟をお母さんしてもらうのに、ものすごく時間がかかりました。

—聴・このケースでは、子どもというよりは、お母さんを立ち直らせるカウンセリングだったんですね。

はい、ですから私は、結果的にこの息子さんに会ってないんです。お母さんは息子からひどく怒られて、それでも必死になって、自分が鬼のようにならないと断れないと。息子が強盗すると言っても、大丈夫、する訳がないと言いました。そうでしょう。いい恰好ばっかりしてきた子が、する訳がないですよ。

――聴・じゃあ、このお母さんは、それ以上の借金をくい止められたんですね。

そうです。お母さんがその帳簿を鞄から出さなくなった時が最後でした。半年位はかかりました。息子がお金の無心をしないで我慢してくれた時に、ありがとうって言いなさいって、お母さんに頼みました。普通だったら反対なんですけれど、我慢してくれた時に、息子にありがとうって言う練習をしてもらったりしました。

この子は、物をあげて機嫌をとるような友達関係を作ってきたようですね。お金で繋がるような関係を作らせてしまったことが、ここまで問題が大きくなった背景のような気がします。万引きなんかでもそうだと思います。家のお金を取った時点で、親がどう向き合うかですよね。親の向き合い方がとても大事になると思います。

◆「お母さん違うよ」が言えなくて

E君はお母さんが大好きで、何でもお母さんの言うことが一番の、とても仲の良い親子でした。四年生の時に、友達の家に遊びに行ったんです。その時、友達がお母さんに、それ違うとかダメとか言っているのを聞いて、何かすごくかっこいいと思ったんですね。ああ、あんな風に言いたいなあ、と思うようになったんです。自分はお母さんにはっきり言えない、言ってないことに気づいたんです。いつも我慢してお母さんに反抗できない自分がいるから、帰ってやってみようと思ったんです。

ある時、思い切って、お母さん違うよ、と言おうとしたけど、お母さんが怒りだしそうで言えない。だんだんイライラしてくるんですね。言おうと思うたびに、お母さんがどんな顔をするだろうかと、その反応が怖くてイライラするようになって、とうとう彼はすべてに反抗的になるんです。これ賞味期限が切れているとか、こんなことするなとか、変なところで反抗的なことを言うようになったんです。本当はお母さん違うよとか、もっとかっこいいことを言うつもりだったんです。なのに言えなくて、下手だから極端なことを言うんです。私たちにもちょっとそういうところありますよね。

―聴・大人と対等に話したいから、ちょっと粋がってみるようなことをしたりしますよね

そんなことがあって、いい子だったE君が反抗するようになって、お母さんが相談に来られました。訳が解らないと言われるんです。私は何も変わっていない。ずっと同じなのに、彼が勝手に変わったんだと言うんです。彼に会って、少し仲良くなってからそのお友達の話をしてくれたんです。すごくかっこいいんだよって。学校でも彼はかっこいいんだと。自分もあんなになりたいんだと。

―聴・大人と対等にものが言える友人がかっこいい、そういう年代なんでしょうか？

そうですね。でも彼の場合は、自分の考えを言う習慣が無いから、やっぱり言えない。相談に来られた時にカードを使ってお話のきっかけを作りました。カードは何種類もあって、好きなお花は何？とか、好きな色は？季節はいつが好き？とかあって、両方がカードを引きながらお話し合いをするんです。握手してとか、肩たたきあいっことか、そんなカードもあって交替でします。また、私は優しいですとか、私は元気がいいですとか、いろいろ書いてあるカードもあって、欲しいのはどれ？と言って選んでもらって、それについて話してもらったりします。会話の少ない子にはよく使います。四十枚位あります。これはオーストラリアから入ってきたもので、日本版も出ています。*

―聴・自分の意見を伝える、人を信じる、時間を有効に使う。カードそれぞれにこういった言葉が書かれていて、自分に当てはまると思うカードを持ったり集める訳ですね。

はい、欲しいカードはどれ？　と言って取ってもらって、それをヒントにして、じゃあこれはどうやったら手に入るかな？　いつからこれが欲しいの？　とか、まあいろんなことを話し合って、知り合ってゆくんです。ペラペラしゃべる子どもは少ないです。不登校の子どもたちは特にいじめられて傷ついていたりして、ほとんどしゃべってくれないけれど、カードを選ぶのはやってくれます。

ー聴・もやもやとした感情を言葉にするのは大人でも大変ですもんね。

そんなことからE君は始めました。だんだん話してくれるようになって、カードが無くても、好きなスポーツ選手は？　と聞くと、○○さんだと。私はその人嫌い！と言うと、嫌いと言ってもいいんだと感じてくれます。E君が嫌いだろうと思うような人を私が好きと言うと、僕嫌いと少し言えるようになって、嫌いと言っても大丈夫というような会話を進めてゆくんです。

ー聴・傷ついたりしている子というのは、どういったことを言ったら、どこまで許されるのか、これは相手が怒るというその境目がなかなか解らないところもありますよね。

言う習慣が無いから解らないんですよ。家庭というのはミニ社会と言われていて、社会で起きるようなことの練習をする場所じゃないですか。それをお母さんやお父さんが一方的でそればっかりにしていたら、社会に出た時それじゃあ間に合いません。お母さんが大好きで、お母さんに文句を言う必要がなかったE君ですが、それでもお母さん違うよ！　と言いたい時もきっとあったと思うんです。でも言わないできたんですね。

―聴・こういう時は、お母さんはどうしたらいいんでしょうか。母親の立場からすると…

そういう時は、意見を聞くんですよ。例えば、夕食のおかずを迷っているんだけど、これとこれとどっちがいい？と意見を言わせて、ありがとうって。簡単なことでも何でもいいんです。聞かれるとこっちとか言いますよね。その時にありがとう、良いこと言うね、みたいになると、言い出すでしょう。お母さんには随分協力してもらうことがあります。

＊注・「ストレングスカード日本版」。私たちが持っている様々な強さや良さが一枚の絵にひとつずつ描かれている。自分の強さや良さを思い出すことができる。

◆お母さんの口癖

　F君はとても良い子だったんですが、ある時から、お母さんと口をきかなくなって、お母さんが相談に来られました。こんな子ではなかったのに、お母さんの言うことを無視するようになった、どうしてと聞いても言ってくれない、どうしたらいいのか解らないというご相談でした。

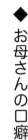

　急にお母さんを無視しだす時は、いろんなケースが考えられます。今日は、その中でよくあるケースについてお話をしてみます。これは、自分が言っていることをお母さんが解ってくれないと思っていることが多いケースです。これ、とても多いんです。どうせ言っても解ってくれない、どうせ言っても反対すると、そういう風に思って、だんだん面倒になって、反抗期がくると、お母さんを相手にしないということが結構多いんです。
　F君もそのような子でした。そうではないかと私が思ったのは、お母さんがいろいろお話をするのを聞いていて、こういうことありましたか？とか、私が何か言おうとすると、必ず、「でもね」とか「そうは言っても」とか言って、私の言うことを絶対聞いてくれないんですよ。こういうことはありませんでしたか？と言うと、そうですねと一回言ってから「でもね」と。これは、心理学的には有名な「*ハイでもさん」と言います。必ず否定してくるんですね。で、ここだなと思ったんです。

ある時、お母さんの愚痴を聞いた後、「私が何か言うと、『でもね』とか、『そうじゃない』とか、私の言うことを全然聞いてくれませんね？　いやですか？」と言ったら、「まさか、嘘でしょう。私そんなこと言っていません」と、ものすごくはっきり否定されるんです。

それでも相変わらずされるんで、録音しませんかと言ったらOKしてくれました。最初はお母さんも用心して一生懸命返事をしてくれましたが、やはりできないんです。だんだんお母さんも必死になって、どう言おうかと考えて、用心して返事してくるんですが、にもかかわらず、相槌を打つということが絶対無いんです。「ああそうなの」とか、「そうですね」とかいう相槌です。会話というのは、打って返すキャッチボールのようなものでしょう。

このお母さんは、相槌のない、相手の言うことを否定する話し方を自分がしていることに気づくんですね。家で子どもさんが何か言った時、自分がどう返したか、一回でも二回でもメモに書いてきてくださいとお願いをしました。そうしたら、子どもが言ったことはろくに覚えてないんです。自分の言いたいことが先にあるから、子どもの言うことを聞いていない。子どもの言ったことを否定するという生活習慣が付いたんですね。

お母さんは、録音でそれが解ってちょっとショックを受けられました。お母さん、あなたもお子さんが自分の意見を言える子に育ってもらいたいんだったら、ちょっとやり方を変えてみませんか？　一週間に一回でいいから、子どもの話を聞きましょうと。

―聴・変わられましたか？

はい、練習されました。直らないけど用心しだすんです。お母さんが自分の考えを言いたい時は、私の所へ来て、たらふく言ってもらうようにしました。そういう、「ハイでもさん」のような方は、ご主人やお姑さんに聞いてもらえないといった、どこかにそういう抵抗がある方かも知れません。お母さんは、自分がカウンセリングに行って、こういうことが解って、ごめんねと。それをお母さんが言えたことで、F君は随分変わりました。お母さんは変われなかったんだけど、彼が変わりました。

―聴・お母さんは変われなかった！

変われないですよ。私なんか気が早いから、ゆっくりした人を見たらイライラしますよ。これ直りません。そうすると、相手も変わりにくいということを認めてあげたらいいだけの話でしょう。お母さんが、後悔したり反省したことが大きかったですね。

自分の失敗を認める人ってかっこいいじゃないですか。F君は、まさかお母さんがそんなことを言うと思ってないのに言ってくれたので、相当ほっとしたんじゃないでしょうか。「お母さんは、直らないかもしれないけど、我慢してね。」と言ったんだそうです。

＊注・「ハイでもさん」は、はい、と言った後、でもねと否定する言い方。
　交流分析でいう、人がはまりやすい不快なコミュニケーションのひとつ。

◆きっかけは夜遊び

家出というのは、まず夜遊びから始まります。夜遅くまで帰ってこないとか、そういう子はものすごく多いんですけど、このG君の場合はとても良い子だったとお母さんがおっしゃっていました。勉強も良くできて、家の仕事も他の兄弟と違ってよく手伝って、自慢の子どもだったそうです。だから、後で聞けば、何となく放ったらかしになっていたんだろうと思います。

中学一年の夏休み頃から夜遊びをするようになって、夏休みだからいいかなと思っていたら、九月になってからもその習慣が直らなくて、そのまま不登校になって、叱ると家出をして帰って来なくなったらしいんですね。

—聴・その家出の前に、帰りが遅くなった時点で止めたり、軌道修正はできなかったんですか?

このG君の場合、自分はいらない子だと思うようになったと言うんですね。それが、上の兄弟がちょうど問題を起こしたり、入学試験があったり、おじいちゃんがその頃認知症になったりして、お母さんとお父さんがバタバタしていた時だったそうです。G君はいい子だから家のことも手伝うし、問題がないからG君の方を見てなかった。もう俺なんかいらない子だってずっと思っていたって言うんですね。それが反抗期だったと思います。だんだん勉強ができなくなっていいったので、中学生でついていけなくなって、そうなると面白くないから、よけい遊びの方へゆくんです。

このケースは、お母さんが鬱病になって、警察につかまったG君をいっしょに迎えにいってほしいという依頼でやって来られたんです。この子は、しばらく私の家で預かりました。

私は、長年いろんな子を預かってきたんですよ。もう何人だったか分らないくらい。三日位の子や一週間の子や、長い子は六年もいましたけど、その家においておかない方がいいなと思う子を預かるってことを何十年もやってきたんです。G君が警察でものすごく泣いている時に、お母さんがこの子を施設に入れて下さい、私の手に負えませんと言った時に、その子に、おばちゃんちに行くと言われて、我が家へ連れて帰ったんです。

—聴・実際に長谷川さんは、ご自宅で何人もの子の面倒を見られたんですが、今度は帰すタイミングとか…

逃げて帰る子もいましたよ。ある子は、うちの夫とテレビを見ていて、宝くじが当たったらいいなという話になって、「一億円入ったら何に使おうか、おじさんは一億当っても使いきれない。君位の年で一億円入ったら人生変わるぞ、朝までに何に使うか考えて教えてくれ、宿題だ。」といって寝かせたら、翌朝いないんですよ（笑）。帰ってたんです。その子は今、立派になっていますよ。

G君が立ち直ったきっかけは、彼のお父さんにあったと思うんです。この子が夜出ていったら、お父さんは後をついて歩いていたんです。子どもは何でついて来るの？と言います。そしたら、悪い奴が来たら止めてやろうと思ってと言って、やぶ蚊に刺されても陰にいたということがあったんですね。だけど一番大きかったのは、ある日、私といっしょにこの子の家へ行ったんですよ。そしたら、お父さんとお母さんがテーブルの上で何か書いていて、何書いているの？と彼が聞いたら、「この家の歴史。ここでおじいちゃんが病気になって、ここで何があって、ここでＧ君を見失なったんかなと、今お母さんと話していた」と言ったんです。

後でＧ君に聞いたら、その時怒る理由が無くなって、砦がガラガラ崩れた感じだったと言っていました。砦を作って彼は怒っていたんですね。この言葉が印象に残っています。だけど彼は、自分の良くなった変化を見せまいとして、九カ月位は私の家にいても悪ぶっていたというんです。

――聴・距離を保っていたんですね。

そこの見きわめがね。そこでひっかからないというか、そこを見てあげないと、子どもは立ち直っていても、どうせ解ってくれないと思うとまたやるんですよ。親御さんには、もう十分立ち直っていますから、ひっかからないで下さいねとよくお願いをするんです。この時、私もそういう思いをしました。子どもさんを預かっていると、後悔しながら、大丈夫かって自分に言い聞かせながら、いろいろ教えてもらいました。彼も今は立派な社会人になっています。

◆お父さんの職場に二週間

今日は、お兄さんが不登校で、弟のH君が非行になった家庭のお話です。中学二年のH君の相談でお母さんが見えました。お父さんは単身赴任で家にいらっしゃらなくて、月に一度しか帰ってこない。お兄ちゃんは部屋から出てこない。H君は夜もなかなか帰ってこない。そんな状態でお父さんと子どもの接触がどんどん無くなっていったんです。

この家には認知症のおばあちゃんがいらっしゃって、このおばあちゃんは家にあるものを全部食べてしまうような状態で、週に一度は施設に預けるので、その日に相談に来られるという状況でした。お母さんはこの三人のことでくたくたになっていて、ご自身が鬱っぽくなっていて薬を飲んでいるんですということでした。久しぶりにご主人が帰ってきてもゆっくり話すこともままならないと。夏休みに出歩くH君をお父さんが見かねて、お父さんの出張先へ一緒に行かないか？家にいてもつまらないだろうと声をかけたそうです。お父さんの住まいは東京の郊外で、H君は何だかんだと言って行こうとしなかったんですが、どうやら六本木へは行きたかったらしくて、父親といっしょに東京へ行くことになりました。

そして東京へ行ったんですが、行ったその日にH君は財布をすられたのです。お金が無いから行きたかった六本木へも行こうと言わない。そこでお父さんは、ずっと家にいてもいけないし、お父さんの職場へ一緒に行こうと言って連れていったそうです。毎日二人でお父さんの職場へ行って、お父さんの机の横に座っていて、帰りにはスーパーに寄って今晩は何を食べるか話しながら買い物をして、家で簡単な食事を作ったりしたそうです。

そんなことを二週間程した後、お父さんが土曜日に六本木に行くか？と言ったら、うん、と。もともと六本木へ行きたくて来たんですから。そこでお父さんが、いろいろつき合ってくれたからおこずかいをあげようか？と言ったら、五千円貸してくれと。それで借りた五千円を持って一緒に行ったそうです。初日にすられた財布には長年貯めていたお年玉も入れていて、余程辛かったんでしょう。また、すられたことで考えたことも随分あったようです。六本木へ行った翌日、H君が、帰ると言ったので、お父さんは早速切符を手配して、翌日H君が帰ってきました。

帰ってからH君が非常に変わってきたそうです。非行仲間と出歩くよりも、引きこもっているお兄ちゃんの部屋へ入って良くおしゃべりをするようになったんです。お母さんは、なにを話しているんだろうと階段をこっそり上がって聞き耳を立てていると、すられたあの財布があったら六本木で泥棒グッズを買って、兄ちゃんにも買って帰ってやろうと思っていたし、友だちにも自慢しようと思っていたのに買えなかったとか、財布をすられる俺は田舎もんやとか、兄ちゃんも父ちゃんの仕事を見たらいいよなんて話をしていたそうです。そんな話を聞いて、お兄ちゃんだから言えたんだなあと、よかったなあとお母さんも安心したそうです。

夏休みが終わるとH君は登校するようになったんです。随分後から聞いたんですが、H君が東京から帰ると言った時、お父さんの切符の手配が早かったそうです。二週間職場へ子どもを連れて行ったお父さんも辛かったんでしょうね。お父さんの仕事を二週間見たということは、この子の人生を変えたんじゃないかと思うのです。

お父さんが偉かったのは、仕事って大変だろと一切言わなかったことです。それよりは、今晩何食べる？と話しながら買い物をしたことや、焼き肉をよくしたことなどを随分日が経ってから聞かせてくれました。その後、お兄ちゃんも次第に立ち直るようになって、通信の高校へ行くようになりました。弟のおかげです。

―聴・誰かがきっかけを与えてくれて、光が変わってくるといい方向へ変わってゆくんですね。

家でもどこでも、誰かが動くと変わってきます。気づいた人から動くといいですね。特に家で子どもが問題を起こす場合は、一番最初に問題を出した子の根っこの問題です。後からの子は、本来登校できる子がちょっと休む程度で、兄弟が何人も行かないようになったと嘆くよりは、ちょっと家の中に風を入れるというか、外の景色が見えるように、押しつけじゃなくしてあげるといいですね。このお父さんは偉かったなあと、私、良く思い出すんです。

◆シンナーって何で吸うんでしょうね

たまり場になっている友だちの家へ、夜出かけるI君のお話です。お父さんがすごく厳しい顔をして、相談に来られました。サラリーマン風の背の高い感じのいい方ですが、すごい顔で、息子がシンナーをやっているんですよ、とお話をされました。

高校二年生のI君は、中学で部活に入っていたんですが、一年の二学期頃にいじめに会って、その部活をやめたんです。それからは勉強をするんだ！と言って、勉強に力を入れていたので、何とか乗り越えるだろうと両親は思っていたそうです。しばらくして、友だちの家へ行くといって出かけるようになって、その時は、いじめもあったけれど友だちができたんだと、ホッとしたそうです。

二年生になってしばらくして、帰ってきた時に、お酒を飲んだのか、テンションが高くて赤い顔をしていたことがあったそうです。気づいたのはお母さんでした。お母さんは体が少し弱くて、寝たり起きたりしていらっしゃるんです。お母さんは、そのことをお父さんに話したそうです。仕事が忙しかったお父さんは、彼に、お前はまだ学生なんだぞ。未成年だから酒はいかんと、その時は注意したにとどまったそうです。真面目に学校へ行っているし、まあ、酒を飲んだくらいだから注意しておけばいいだろうと、心配はしてなかったそうです。

ある夜、玄関でお父さんと二人がかち合った時、彼の体から匂うのはお酒じゃない、ペンキでも塗ったような匂いで、お父さんが問い詰めたんだそうです。何の匂いだと。それでシンナーだと判ったんです。お父さんは仰天して、気が変になりそうだったと。

その日から、お父さんと彼との関係が悪化していって、彼は学校へも行かず、部屋にこもるようになりました。夜は時々友だちの家へ出かけているようで、どうもシンナーを吸っているらしい。いくら言っても言うことをきかないと言われるんです。

私は、お父さんに考えてもらったんです。シンナーって、何で吸うんでしょうね？　どこがいいんでしょうね？　と聞きました。するとお父さんが言われたのは、悪い友だちがいるから。勧めるやつがいるから。勉強が嫌になったんだろう。現実が見えないんだよ。これらがお父さんのシンナーを吸う理由でした。

私は根気よく、他の理由を探しましょうといいました。もちろん、悪い友だちがいたかもしれないし、勉強が嫌になったかもしれません。だけど、それだけじゃないですよ。まだあるでしょうと言っても、お父さんはなかなか気づかない。

まず、部活を止めて友だちがいなくなって淋しかった時、声をかけてくれた友だちがいたんじゃないかと。それがうれしかったんじゃないですか？　ということが一つ。家ではお母さんは体が弱いし、お父さんは忙しい。彼は愚痴や淋しさが出せなかったんじゃないですか？　友だちの所へ行くとワイワイとにぎやかで、解ってくれる友だちがいたりして、その上にシンナーの怖さも知らなかったんじゃないですか？　怖さも知らずにちょっと吸ってみたら、言いにくかったおしゃべりが言えて、テンションが上がって、メチャメチャ楽しかったというような経験があったかもしれないじゃないですか？　とお父さんに話しました。忙しいお父さんと病弱なお母さんに気を使って、彼は言いたいことも言えずに、追い詰められていたかもしれない、とも言いました。

それからのお父さんの行動は、早かったです。彼と話し合いました。自分を大事にしてほしいんだ。気づかなくて悪かったと。お父さんは潔い方でした。私といる時も、メモをとりながら真剣に聞いてくれました。それから、時間はかかったんですが、友だちと縁を切って、学校も変わって、一年遅れで登校して、元の進路に戻りました。

何かが起きた時、親の本気度、覚悟が問われますね。

◆シンナーからの奪還

おとなしかった子が夜遊びをするようになって、次第に不登校になったJちゃんのお話です。中学三年生になってしばらくして、最初は土曜日の夜ちょっと出かけるようになっていたのですが、服装も変わってきたんです。注意して見ているうちに、帰りが遅くなって、時にはお酒を飲んでいるのか、シンナーを吸っているのか、呂律が回らなくなっているような時があって、すごく心配されたんです。

お母さんがとても大切に育ててきた子らしくて、自分の言うことを聞かなくなったことにカンカンに怒られて、口もきかない。見捨てたようにJちゃんを無視するようになったんですね。お母さんは教育熱心な人でした。

お父さんが、これは放っておけないということで、彼女を連れて相談に来られました。来た時、お父さんは、入院をさせて下さいと言われたんです。家にいると危ないし、何をするか解らないと。そう言っても、急に入院できる所がある訳でもないでしょう。この子はお母さん子で、すごくきれいでシャイな子で、何か人に言われると、お母さんの後ろへすぐ隠れる子だったようです。お友達は一人くらいで、沢山のお友達とはうまくできない。学校でも楽しくすることがむずかしい、ひとりぼっちのことが多かったようです。だから、お母さんにつきまとっていたんですね。お母さんにしてみると、自分にいつもひっついてきていた子で、お母さんの好みの洋服を着せたらかわいかったのに、変な服を着るようになって、お母さんはだんだん腹が立ってきたんですね。Ｊちゃんにお話を聞いてみると、ひとりぼっちの時に声をかけられて、友達の家でシンナーを吸わされたんです。でも、シンナーが何なのかも知らないんです。皆の間でそんなことも聞けないから。

―聴・だいたい、友だち関係の中でいろんな情報が入ってきますよね。

この子は、そういう情報交換が無い。ところが、シンナーを吸ったら全然恥ずかしくない。皆とワイワイしゃべってね。溜まっていたおしゃべりが山程できて、楽しいので行っていたらしいんです。どんどんはまっていったんです。

―聴・薬物の恐ろしさというのを感じますね。

そういう子が時々いるんです。高揚感がたまらないらしいです。それで、だんだん帰らなくなって、お父さんは後をつけていって連れて帰ったんです。お父さんは、二十四時間自分がついていることはできないから、入院させてくださいということになったという経過が解りました。そして、お父さんは彼女の行動の意味を理解されたんです。

理解されたというのが大きかったですね。お母さんにも協力するように話されて、家族が一部屋で寝るようにされたんです。四人家族が蒲団を四つ、川のように並べて、何でもいいからおしゃべりをして。夜中に携帯がかかってくるんですよ。外に引っ張り出そうとして。普段聞いたこともない言葉で彼女が話すのを家族は我慢して聞いて、しっかり引き留めて。お母さんには彼女の好きな料理を作ってもらって、必死で守りました。

私は、シンナーの怖さとか、シンナーが体にどういう作用をするかということを真剣に話しました。本人は無知で知らない。でも、知っていたとしても、気持ちの高揚感の喜びを体験すると危ないですよね。時間は随分かかったんですが、彼女は本来の姿に服装が戻っていって、ちゃんと家に居るようになりました。その後、お父さんから連絡があって、仲間だったメンバーが皆覚せい剤で摘発されて捕まっていなくなったそうです。あのままだと、娘も覚せい剤までいっていたんじゃないかと話されました。

――聴・お父さんが気づいて、家族皆の生活を全部変える努力をされたんですね。

相当努力をされたと思います。お父さんは仕事も忙しい方で、相談に来られていても携帯が鳴って、すみませんと部屋を出られて、仕事の指示をしておられることがしょっちゅうでした。家族四人が寝ている時に彼女が携帯で汚い言葉でしゃべるのを家族に我慢させたのもお父さんでした。家族普通は、そこでキレてしまうんですけどね。そこを乗り越えたお父さんの本気度が大きかったです。やっぱり家族の力は大きいですね。

◆リストカットをする理由

リストカットをするお嬢さんがいました。自分で考えこむのが苦しくて、自分を痛い目に合わせるとアッと痛い方へ頭がいって、苦しいことを考えるのがちょっと薄れたりする。また、自分が生きているか死んでいるか、よく解らなくて、切ってみたら血が出るから生きていたなんか言う子もいて、また中には、リストカットするとお母さんが騒いでくれるんで、こっち向いてというイメージでやっている子、これ結構あるんですよ。

ー聴・注意を自分に向かせるために、そんな危ないことをするんですか?

人間はプラスの承認が無いとマイナスでもいいから認めてほしいしという気持ちになります。お母さんが気に入らないことをする子は、叱ってほしい、こちらを向いてほしいという気持ちがあります。中には、私はダメな子だという自責の念で切る子もいます。

ある女の子の場合は、本当におとなしい、いい子だったんですが、少しずつ自分に自信が無くなって、こんな私は生きている値打ちがない、こんな私をお母さんも気に入らないんだろうと、だんだんそういう気持ちになり始めたという子がいました。私は値打ちが無いから切っているんですと言うんです。生きている値打ちについて聞いてみると、お母さんはもっと活発にしなさいとか、もっとサッサとしてとか言うんだけど、本来この子はおとなしい子なので、お母さんが言うようにはできないんですね。もっとしゃんとしなさいと言われてもできない。お母さんに気に入られない私は生きている値打ちの無い人間、という風になっていった。そのことをお母さんに伝えると、お母さんは驚いてしまって、そんなつもりではなかったけど、あまりグズグズするので腹が立って、つい言ってしまったと。

―聴・親が良かれと思って、しつけの一環として注意したり指導したりしますよね。これはどこの家庭でもある行為だと思いますが、その行為が子どもの重荷になって、ついにはリストカットというところまでいったということを知ると親のショックは大きいですね。

かなりのショックですね。例えば、控えめであったりおとなしかったりするのは個性で、そういう個性が生かされる職場だって十分あると私は思うのです。特に、リストカットとか心身症とか、体に問題が出るような子は、本当にゆっくり向き合ってあげてほしいのです。根っこはどこからきているのかに気づいてほしいのです。困っているのは本人なんです。

―聴・結局、子どもをそういうところまで追い込んでしまっているケースの要因は、親だという場合がかなり多いなという感じを受けますが。

親はすごい力があるということですよ。親の考え方や行動を子どもは真似していくわけです。だけど、親のコピーどおりにならない子もいるわけでしょう。しっかり親の価値観とか考え方が身についた子は思春期になってきたら親のコピーから脱出してゆくのです。だから、反抗したり、いろいろ言ったりしてくるのです。

―聴・親のコピーから脱出してゆく過程は、何か、虫の脱皮みたいな感じですね。その過程で反抗期とか、場合によっては不登校とかのケースになるんですね。

そうですね。私はすごく英語がダメなんですよ。でも、母が英語をしゃべっていたら私も英語をしゃべっているはずです。家庭は、言葉だけでなく、考え方やその背後にある想いや行動とかも全部コピーされているんです。

―聴・結局は、親の問題なんだということを、今日改めて再認識しました。

◆自分が許せなくて

自分が許せないの！　と言ってリストカットをする高校二年生のKさんのお話です。娘がリストカットをするのが心配でたまらないと、お母さんが相談に見えました。間違って死んだらどうするんですか！　と、お母さんは私に向かって怒るんです。お話を聴くと、とても成績が良くて、素直で、反抗期も無かったというんです。何の心配もないのに、何でこんなことをするんだろう？何か、学校であったんだろうかとおっしゃるんです。

リストカットに気づいたのは一カ月位前ですということでした。修学旅行に行かないと言い出して、そのあたりから判ったと。何で行かないの？　行きなさい、行かない、行きなさい、というようなやりとりがいっぱいあったようです。何があったのかも解らないというので、Kさんに会えませんかとお願いしました。

その後、一カ月くらいは連絡もなく、心配をしていたら、Kさんが一人で来られました。見た感じがしっかり者といった風でした。学校のこと、友だちのこと、将来のこと、何でも話してくれるんですが、まるで他人事みたいなんです。上の空で、どうでもいい感じで、気持ちは違うところにあるみたいなんです。ちょっと心配だなあと思いながら聴きました。ただ、お母さんのことは話してくれないんです。どんなお母さんなの？　お家ではどう？　と聞いても言わない。一人で来たことに意味がありそうだなと。何か、そのあたりに問題があるのではないかと思って、話題を好きだという本の話に変えました。とても良く本を読んでいる子で、いろんな本の話をしてくれました。帰る間際になって、私は自分が許せないから罰を与えているんですと言いました。

その後二週間に一回位来てくれて、だんだん話してくれたことは、自分はずっと自分を偽って生きてきたんだというんです。本当はお母さんを裏切っているんだと。今、どれが本当の自分なのか解らなくなってきた。何でもお母さんに合わせていい子で生きてきた。友だちに言いたいことがあってもすぐ合わせてしまう。そういう自分が許せないんだと。ちゃんと言えよ！　と自分に言うのに、口から出ないと言うんです。私の所でも、何回も来てやっと言えだしました。自分がいい子をしていないとお母さんが困ると思うんだと。

そこでお母さんにお話をしました。リストカットをした時、傷の手当だけをして、大騒ぎをしないように。何かがあった時も、責めないで、どうしたの？　と聞くようにして、普通の時にお嬢さんの方を向いてあげてくれませんか。お風呂にも一緒に入ったり、肩をたたいてもらったり、疲れたからちょっと手伝ってとか、何でもいいから、お母さんも弱音を吐いてみませんかと、そんなお願いを何度もしました。

このKさんとは長いお付き合いになったんですが、なかなか自分の考えが言えず、嫌われるんじゃないかという不安の強い子で、自信が無くて苦しんだんですね。元気になるのに二年かかりました。Kさんは、自分が判らなくなって混乱したあげくのリストカットだったんですね。

◆統合失調症がかくれていた

私たちがこういう活動を始めた三十年程前の頃は、若者といえば二十九歳までという感じでしたが、その後、*三十九歳までということになって、高島屋南館三階にある〝若者サポートステーション〟へ来ていただけると援助ができます。ー聴・援助を受けられる若者の年齢の上限が高くなっているんですね。国が動いているということは、そのあたりにかなりの問題があるんですね。

特に、長引いている人は焦っていると思うので、援助機関があるということを知っていただきたいですね。今日は、引きこもっていたL君に病気があったというお話です。

ある日、六十歳代と思えるご両親が相談にみえました。息子が本を読んだりゲームをしたり寝たりして、ここ十年あまり引きこもっているというお話でした。引きこもりのきっかけは、高校時代にどうもいじめがあったようなんですが、小学校・中学校ともお友達が少なくて、おとなしく育ったお子さんだったようです。

高校の時のいじめでは、何も言わず部屋へ引きこもるようになったと言います。彼には元気な妹さんがいて、看護師をしていらっしゃるということです。お母さんはこの十年余りの間にいろんな所へ相談に行ったそうですが、解決に至らなかったそうです。私たちの所へ来られたのは何か理由があったんでしょうかとお聞きしますと、最近一人で階段の踊り場に座ってブツブツと独り言を言っているのが気になって来ました、ということなんです。それも短い時間ではなく、長時間になっているらしいんです。

この、独り言を言いだした時は、精神的な病を気にしていただきたいですね。誰かにのぞかれているとか言い出した時も同じですが、彼の場合はそれは無かったようです。それまでのL君の様子を聞きましたが、ゲームもそんなに熱中しない、テレビもボーッと見ていたり、食事も出したものを黙って食べるというお子さんだったようです。だから、気にならない訳でもないんだけど、あまり構わないで放っておけたという感じで、月日が経っていったというんです。目の焦点が合わない感じでブツブツ言っているので、怖くて、相談には連れてこられませんでしたと。

そこで、次の面接には妹さんと一緒に来てくれませんか？とお願いをしました。看護師さんの妹さんの目でお兄さんを見てもらったんですが、これは病気が進行していると。どうしたら病院へ連れていけるかという相談になりました。この妹さんはとても前向きに取り組んでくださって、お兄さんを一ヶ月位かけて懇々と説得してくれたんです。そして病院へ行かれて、大きな病気が見つかって入院され、順調に回復してゆかれました。

今、とても良いお薬があります。特に最近、愛媛新聞に大きく載ったんですが、統合失調症という病気でも、会話で治る、引きこもりにも活用できるという記事が載って、切り抜いて仲間にも配ったりしたんですが、私は会話次第で改善できると言うことを信じています。

前向きな明るい家庭の場合、ちょっと病気があっても文句を言わない、変なことを言ってもそれに合わせて受け入れるということができると、病気を進行させないのです。このケースでも、妹さんが本気になってお兄さんに関わってくれて、心配してくれている妹の気持ちが伝わったんですね。病院へ行って安心しようという気持ちが本人に出てきました。彼は今、家業の手伝いをしています。

統合失調症は、高校生から大学生の頃に発症することが多いんです。

＊注・働くことに悩みを抱えている十五歳〜三十九歳までの若者への就労支援は、「地域若者サポートステーション事業」で実施されている。

Ⅳ
発達障がいその他

◆個性としてとらえる

以前は、発達のバランスが少し悪いなと思っても病名が付けられなかったんですが、ここ十年位前から発達障がいと言われ始めて、親御さんが随分戸惑うんですね。小さい頃から甘やかせたせいかなあとか、最初の子だったからとか、末っ子だからわがままなんだと思って怒ったりしてきたんですね。それがある時、子どもが少し大きくなってから発達障がいだと判って、親に逆襲する子がいるんです。小さい頃やっただろと言って。あんなに困っていたのに助けてくれなかったと、だから反抗するとか、そういうことが起きるんです。親は自分の子どもが発達障がいだと言われて、なるほどそうかと思う人もいるし、うちの子は違うと思いたい親もいます。そのあたりでいろんな混乱が起きているのが現状だと思います。

あるお子さんは、小学校五年くらいから不登校になっていて、親は不登校の理由が解らなくて、わがままじゃないかと、いろいろ憶測するんですね。その子が大きくなって、学校へは行かなかったけど高校卒業資格を取って、仕事に就くようになったんだけど長続きしない。どうして長続きしないんだろうと相談に来られた方がいたんです。その方に、何に困っているのかとか、何が辛いのとか聞きました。

私は最初は過去はあまり探らないんですね。探ったところで、本人も気づいていないこともありますす。それより、今の心配ごとをいっしょに考えていく方がいいと。こちらの心の中では、その奥に何があるのか考えます。その人は、小学五年の頃、友達が帰りにどこかで会おうとか、今度の日曜日に会おうとか言われても、聞いてないことが多くて、友達から、だますとか嘘を言うとか言われて困ったと言うんです。

―聴・発達障がいという表現からすると、簡単な療法があったり、カウンセリングで治ったりすると思えないんですが。

バランスが悪いんだと思うんですよ。個性としてしっかりとらえると、この子は生きやすいというか、いいところを伸ばせるんじゃないかと思うのです。

―聴・今のお話だと、無理にバランスを保とうとするんではなく、個性としてとらえて、良い面を引き出してあげることに力を入れるということですね。

できないことをあまりつつかないで、フォローしていくことが大事かなと思います。

―聴・褒めてあげたり伸ばしてあげるという点は、相通じるところがありますね。

それはとても大事ですよね。例えば、おとなしい子は陰気だというけれど、静かでしょう。よく言われる例に、これだけしかお茶がないというのと、まだこれだけあるというのもあります。どういうことにも裏表があるから、視点は変えることができます。本人がそんなことはないと言っても、こちらが認めていくことは沢山あります。

――聴・発達障がいというのは、どうやって判断するんですか？

子どもの検査にはウイスクⅣ*、大人にはウエイスⅣがあります。誰でもどこかバランスが良かったり悪かったり、突出したところもあります。有名なイチローは目がとても良いんだと聞いたことがあります。最近は、発達障がいの〝がい〟は漢字で書かないようになりました。ひらがなです。それくらい、ものの見方は変わってきています。

先ほどお話しした、小学五年生から学校へ行かなくなった子は、友達との約束を聞いていない自分に気づいておかしいと思い始めて、友達にバレるのがいやで学校へ行かなくなったと言うんです。お母さんはそれに気づかなかった。この子は私の言うことをきかないとは思っていた。

彼は何かに熱中していたら聞こえないんですね。何か考えていると人の言うことが聞こえない。それで、仕事場では、あれも、これもしておいてと言われます。それが聞けなくて、それで辞めさせられるということがありました。彼の場合は、仕事の時にホワイトボードを置いて、次の用事を書いてもらうようにしてうまくいったんですね。今は関西のある工場の責任者になっています。その工場のトップが偉かったのは、彼だけにではなく、全員に次の用事を書くようにしてくれたということです。おかげで、彼は今も仕事を続けています。

*注・「ウイスクⅣ」「ウエイスⅣ」は共に心理検査の一種。個人内での能力のばらつきがわかりやすい。

◆わがままではなかったんだ

お母さんに暴力を向けるM君のお話をします。家庭内暴力で相談に見えたお母さんは、生傷が絶えなくて、お化粧をしてもその下が青くなっているのが判るようなあざを付けて来られました。M君は、高校で暴力事件を起こして退学になったそうです。彼に言わせると、相手が悪いからだと反省の色も無く、強く言うとお母さんに向かってきて暴れるので、お母さんは引いてしまうしかなかったと言っていました。

小さい時はどういうお子さんだったかと聴くと、末っ子で小さい頃からすごくわがままで、祖父や夫から、お前が甘やかすからだとお母さんがよく叱られたそうです。お母さんはそんなに甘やかした記憶はないんですが、言うことを聞かないし、もうたまらなくなって叱ってたんだと。あまり言うことを聞かない時は叩いたということでした。近頃では、小さい時の仇討をしている、昔やられたからやり返してやるみたいに言う。それでお母さんも何も言えなくなると言うんです。

小柄なお母さんで、百八十センチもあるような息子から仕返しをされたのでは、あざもできますよね。お母さんは、私も子どもを叱ったけど、子どもにあざができる程たたいたことは無いと言うんです。でも、彼は一方的に向かってくる。そのお話を聞いていて、その暴力の仕方が普通じゃないなあと思ったんです。で、発達障がい検査をお母さんに書いてもらいました。発達障がいのチェックリストで、家族でも書けるのがあります。だいたい七歳頃までには解りますから、M君の小さい頃の言動をお母さんに記入してもらいました。それによると、はっきりと発達障がいであることが解りました。お母さんは、M君がわがままではなかったんだということに気づいたんです。これからどのように対応していったらいいか、この子が病院へ行くとは思えないし、発達障がい検査を受けてくれるとも思えない。それはかなり難しいとお母さんは言われるんです。

それで、発達障がい専門の先生の所を紹介しました。愛媛県には、渡部徹先生*という、特別支援教育のリーダーの方や、東予には西原勝則先生*がいらっしゃいます。この方には、渡部徹先生の所へ行ってもらって、これからどう対応したらいいのかを相談してもらいました。それでも私の所へも毎週来られて、こんなことがあった、こんなこともあったと話されて。お母さんの気持ちの支えになったのでしょう。お母さんは、前向きにM君への関わり方を一生懸命に学ばれました。

このご家庭は、お父さんが忙しいということもあって、ほとんどお母さんに任せっきりなんです。このお母さんが取りかかったことは、まず一つは、犯罪になる暴力について理解させるということでした。彼は友だちをかばう時など、やり過ぎていることが多いんです。だから、何もしてない人に暴力を振るったりはしてないんです。何か意味が有るんです。取り違えてやったりもする。それでも、相手を怪我させたりしたら、あなたが刑務所へ行くことになる。あなたの人生がダメになる。絶対に犯罪になることをしてはいけないと。これを懇々と話して、弁護士さんにもお願いをして説明をしてもらいました。

家で暴力をふるってお母さんがテーブルで頭を打って死んだら犯罪でしょう。そういう家の中での暴力もやめさせないといけないから、弁護士さんから話してもらったんです。それから二番目は、彼が一番困っていることを時間をかけて知りましょうと。何に困っているのか、何にイライラしているのか、そういうことはお母さんじゃないと解らないでしょう。それを時間をかけて聴いて、イライラを始めたら、何があったの？とゆっくり付き合ってもらえないかと。

―聴・このM君の場合、大きくなってからのご相談でしたが、もっと早く、七、八歳の頃に発達障がいということが解っていれば、こんな風にお母さんも悩まずにすんだんですよね。

今は、各学校でも特別支援教育が進んでいます。小さい時に、保育園あたりから、行動が早い子はそういう特性を見て関わっていくということが今は行われています。そうしないと、大きくなってからでは大変でしょう。

このお母さんは、真剣に取り組んだので、M君はだんだん落ち着いてこられたんです。それから二年後には、高校卒業の認定を受けて大学へ進学しました。思い込みがすごく激しく、人の言うことを聞かない子でしたが、少しずつ乱暴が収まっていきました。大事なことは、本人が何に困り、何が理解できてないかを知ること。そして、そこを援助してゆくことです。

＊注・渡辺徹先生は、元小学校長、現在特別支援教育士スーパーバイザー。
西原勝則先生は、元小学校長、日本教育カウンセラー協会愛媛県支部長。

◆家の中の暴君

Ｎ君と出会ったのは、彼が十七歳の時でした。お母さんと妹の三人家族で、彼はお母さんと妹を家来のように扱って、家の中の王様なんです。用事が無い時は、妹を自分の部屋の前へ立たせておくんです。妹は中学生でした。自分が気に入らないと、お母さんに暴力を振るう。妹には振るわないんです。話し合いが全くできなくて、お母さんには生傷が絶えない。妹は家に帰るのが嫌になって、街をうろついていて補導されて、それで彼の行動が表に出てこの相談が始まったんです。

お母さんの話では、職場で愚痴を言うから、私は職場で嫌われているんですと言っていました。息子の話ばかりするんで、皆は迷惑だったんでしょうか。解決しない話をずっと愚痴っていたんですね。あんたのやり方が悪いとか、もうちょっとこうしたらとか、お説教をされたとお母さんは言っていました。

彼は何年も引きこもっていたようです。母親が仕事に出た後は、妹が家来なんです。妹はだんだん学校へ行かなくなって、不登校ぎみになる。夜は部屋の前に立ったままウトウトと寝たりしていたようです。彼はお母さんが帰ってくると、お母さんに突っかかるので、お母さんもビールを飲んで勢いをつけて息子にワーッとかかってゆくんです。もう、素面では関われませんと。気丈な方でした。だからよけいに生傷が絶えない。お母さんは息子を傷つける訳にはいかないから、口でワーッと言うんです。これはもう大変だということで、いろんなことをしました。発達障がいのある方の特徴に、ゆとりがないというか、ものの見方が狭いというか、言い出したら他の考えが無い場合があるんですよ。

—聴・自分の思いこんだ考えしか無いと。他は全部間違いだと。

いや、間違いというよりは、そっちへ気持ちがいかないんです。他にも代わりがあると思えない。向こうが見えないという感じです。例えば、自動車のハンドルには遊びがあるでしょう。あの遊びが無かったら、ちょっと動かしただけであっちこっちへ行きますが、この子たちはあんな感じなんです。ゆとりがあって初めて真っ直ぐに行きますが、この遊びが無い子だと思えば、案外理解しやすいかなと思います。私も、この子たちはハンドルに遊びの無い子だなと思って、揺らさないように聞くしかないと気づいて、その子のハンドルの中で聞いて、少し落ち着いたらゆっくり、ちょっと言ってあげたりするようにしています。

—聴・この場合、発達障がいだと先生が見立てられたのは、このお兄ちゃんですか?

お母さんも、毎日職場で子どものことを言って皆に嫌われたというのを聞くと、あまり幅の無い方かなと思いますね。私の所へ来た時は、お兄ちゃんのことばかり言って、私は妹がすごく心配なんですけど、妹の心配はお母さんは言わないんです。あれもこれもという幅が無いんです。

私は、そのことを欠点と捉えないで、個性として捉えてあげないと、発達障がいの人は辛いと思うんですよ。

あるお母さんは、「本人は発達障がいに生まれたくて生まれてきたんじゃないですよね、本人が一番困っているんですよね」っておっしゃって、なるほどと思いました。私なんかも、こんなに背が低く生まれたくて生まれた訳じゃないんで、でも、その生まれたものを受け入れざるを得ないでしょう。じゃあ、どういう風に受け入れてゆくかということなんですよ。私は個性と捉えて、何にこだわっているかとか、何が気に入らないのかということをちゃんと見て、そこのところをこちらが意識してあげることが大事かなと思うようになりました。

彼の場合は、彼が小学四、五年の頃、お母さんが父親と別れたらしいんです。そのことに彼はずっと怒っているみたいです。お母さんが働きに行くのも別れたせいだろう、お金がないのも別れたせいだろうと、全部そこへ持っていっているということが、お母さんの話から解ってくるんです。お前が昼間いないから自分が妹を見ているんだというように。他の考えが無いんです。

それで最初は、妹をフリースクールへ行かせたんです。そこで妹が爆睡しているというんです。この子、本当にどれだけ寝てなかったんですか？と言われて、これはもう家へ帰したらいけないと。それで少し遠くの施設へ預けました。妹をつれてこいと彼はしばらく暴れたんですが、彼を父親に会わせるという方へ話を持ってゆきました。お父さんと相談して、彼が少し落ち着いたら引き会わそうと。彼はお父さんに会いたいために、ちょっとずつ落ち着いていったんです。結果的には、この子はお父さんの方へ引き取られていきました。妹には怯えがあるので、それを取ろうということで、施設で時間をかけました。

――聴・それで皆が落ち着いたんですね。

そうですね。何に一番こだわっているかとか、何が一番この家をごちゃごちゃにしているかというポイントを考えないといけません。そのためには、関係を作ってしっかりと聴くことです。そして、よい面、使える面を引き出していく。これが大事になります。発達障がいの子は、なかなか上手に説明ができないことがあります。このケースでは、お母さんがよく話す方だったので、いろんなことが比較的よく見えてきたんですが、ご本人だったら説明できませんから。

◆家での暴れ方が尋常じゃなくなったとき

進学校二年生のP君は、突然不登校になって、家で暴れるようになったんですね。お母さんが相談に来られたんですが、理由が解らないと言うんです。どういう風なお子さんだったんですかと聞くと、彼の中で一番の問題だったと私が思ったのは、幼い時、癲癇《てんかん》の発作があって、ずっと投薬で治まっていて、投薬は現在も続けているということです。

中学・高校共に成績も良く、東京の大学の受験を目指していて、お姉さんが既に上京しているので、お姉さんと一緒に住んで生活するということになっていたそうです。お母さんは何の問題もないと思っていらっしゃったのに、彼の暴れ方が尋常じゃなくて、ほとほと困って、気が狂ったんじゃないかみたいにおっしゃって来られたんです。

お母さんは、どうしたの？　学校へ行かなきゃいけないでしょう、何があったの？　と言いますよね。そうすると暴れだしたらしいんです。私がお母さんに言ったのは、今、彼の中で何が起きているのか、それを理解することがまず大事で、とにかくお母さん、焦らないでください。今の彼を認めてあげてくださいと。彼が何でもいいから一言でも言ったら、違うとか待ってとか言わないで、なあに？　と聞いてあげてください。それをまず一週間やってみてくださいとお願いしました。そして、もし機嫌のいい時があったら、どうしたの？と聞いてもいいけど、何遍も聞かないでくださいと頼みました。しかし、暴れだしたら逃げてくださいと。怪我をしたりすると、事件になって大ごとになるから。後で、あの時は大ごとになるから逃げたのよと言ってもいいからと。

それでお母さんには、風呂敷の中にハンドバックとお金を入れて玄関の下駄箱の中に入れておいて、パッと飛び出せるようにしていただいたんです。帰った時は、彼の好きそうなお菓子とか夕飯のものを買って帰って、普段買い物から帰った時と同じように、ただいまと帰ってください。オドオドしたらいけませんよって。

ここのところなんですけど、かさぶたを剥がす時はどうですか？オドオドビクビクしませんか？あなた、息子を「傷」と言っているのと一緒でしょうと。だから、普通に今までどおり関わって、まず落ち着かせること。それはお母さんにしかできないから。お母さんがもし愚痴が言いたかったら、お父さんとか私の所へ来てくださいと。

だんだん落ち着いてきた頃、解ってきたことは、教室で彼が癲癇の発作を起こしたことがあったということです。お母さんは、学校で何かあったんじゃないでしょうかと先生に聞いても、何もないと言う。ただ、先生がクラスの中で聞いてくれたら、お友達の中でそれを見ていた人がいて、それで解ったんです。

治ったと思っていたのに、皆の前で恥をかいた、恥ずかしい思いをした、もう治らないのか、また起きるのか、未来が無くなっていったんですね、彼にしてみると。それを知ってお母さんは泣いていました。一番周りの反応を気にする頃で、高校二年というと好きな女の子もいるかもしれない、憧れの人がいるかもしれない。だから病院へ行くまでが大変でした。そのことをズバリと言えないから、特に気をつけられました。その後、病院で再度検査をして、お薬を変えたりして少しずつ落ち着いてゆきました。

――聴・思春期の子どもは、何かあっても言わないんですよね。

言ってもお前に何が解るか、みたいな年齢なんですよ。しかも彼は恥をかいたんですね。それと大きいのは、また発作が出たということ。自分は一生治らないんじゃないかという、ものすごい不安ですよね。混乱したんでしょうね。

――聴・大人だったら、今はいい治療も薬もあるから、絶対何とかなると思うけど、高校生の頃っていうのは、思い詰めてしまうんですね。

私は、彼には一度も会わなかったけど、お母さんだけで良くなってゆきました。お母さんが、何してるの？　とか、暴れたらダメでしょう！　とか言わなくなってから、落ち着くのが早かったですよ。暴れたい訳じゃないんですよ。混乱している訳ですから、変に機嫌をとられると、また腹が立つんですよ。

――聴・頑張りましたね、お母さんは。

お母さんは本当によく頑張ります。そんなお母さんを私はいつも尊敬するんです。解ってからは一生懸命子どもの方を向いて下さるので、子どもは安心してゆきます。

優秀な成績で中高と進んだQ子さんは、大学受験に失敗するんです。そこから引きこもるようになりました。部屋から出ず、スマホばかりが相手の毎日で、お母さんは食事を部屋の前に置いておく生活で、会話が無いんですね。相談に来られたお母さんに、食事を運ぶ時にメッセージを一言書いて会話をしてくださいとお願いしました。何を書いたらいいか解らないと言われるので、お魚の活きがよかったから今日は買ったのよ、お味はどう？とか、今朝は草引きをしていますとか、子どもの生活と直に関係のないような話題をちょっと書いてもらったんです。

そんな風にして少しずつ関係が良くなってきた時に、彼女がスマップのファンだと聞いたので、私はキムタクのファンなので歌が聞きたいとお願いをしてみたら、一週間程して録音したものをお母さんが届けてくれました。私はそれにお礼の手紙を書きました。彼女は中居君が好きだったらしいんです。私がキムタクの写真を入れて送ったら、違いますと言われて、そんなことからちょっと彼女と付き合いが始まって、カウンセリングに来てくれるようになったんです。

来られた時、一冊の本をお奨めしました。國分康孝*先生の〝十八歳からの人生デザイン〟という若者向けの本です。持って帰ってくれたんですが、なかなか読まないんですよ。二、三カ月して半分ほど読んだというので、どうだった？と聞きました。私は感想が聞けると思って聞いたんですが、Q子さんは、「字慣れがした！」と言ったんです。字慣れがしたという言葉は今まで誰からも聞いたことがなかったので、え？って。でもその時は、長い間本も読まず引きこもっていたから、ちょっと慣れたのかなくらいに思ったんです。でもそうではなかった。

理系の彼女は国語が苦手で、緊張すると文字が頭に入りにくくなるんだというのです。試験の時に、問題を読むのに時間がかかる、そのバランスの悪さに混乱して、時間がいつも足りない。だから入試先を決めるのに、国語の点数の低い大学を選んだり、そういうことがバレるのも嫌で、引きこもるようになったらしいんですね。最近、こうしたややアスペルガー[*2]（最近では自閉スペクトラム症と言われている）傾向の子がとても多いんです。

—聴・アスペルガー症候群といいますと、かいつまんで言うとどういうことですか？

頭はすごく良くて勉強はできるのですが、バランスが悪いということでしょうか。そのバランスもいろいろありまして、この子の場合は理系で本などの活字が苦手、でも学校では程々の点が取れているんですね。他の科目が優秀だし。それが試験になるとパニックになって、字が見えないんです。字の形も変わって見えるらしいですよ。

—聴・それは、かなり重症ですよね。

いや、混乱するから。この頃、私はQ子さんに過去の問題集の勉強を勧めていたんですね。そうすると、國分先生の本を読んだ後、質問の問題が読みやすくなったと聞いて、「字慣れがした」

という言葉の本当の意味が解ってくるんです。こういうことは想像もできない世界なんです。私たちも常に勉強をさせてもらっているんですけど、周りの者が解った気になっているけれど、違うことって結構あります。振り返ってみたら、私のことも、夫も娘も息子も絶対解ってないと思うんです。どれくらい解っているかな？　半分かな？　どうでしょう。あなたは全部解ってもらってます？

―聴・いや、なかなか、長谷川さんのこともそうですし、妻や家族のことも解っているつもりではあるけれど、まあ恐らく、相手からするとその半分だったり、半分以下だったりということだろうと思います。

ことによってはちょっと解っていても、こちらのことは全く解ってくれない。このQ子さんのことは、親御さんがびっくりされたんですよ。それで親御さんの態度が変わっていって、その後とてもいい関係が続いています。

―聴・「字慣れがした」ということが、ひとつの大きなポイントだったんですね。字慣れという言葉は耳慣れない言葉ですが、そこから教えられたり考えさせられたりしたということですね。

私はよく言ってくれたと思って、本当にありがたかったです。自分の秘密めいたこととか、恥ずかしいことは、特に思春期の子は言ってくれませんから。信頼されているのかと嬉しかったですね。

＊注・國分康孝先生は、日本カウンセリング協会のトップ指導者で、日本教育カウンセラー協会の設立者。（一九三〇～二〇一八）

＊注2・自閉スペクトラム症は、対人関係が苦手、強いこだわりなどといった特性を持つ発達障がいの一つ。

◆早くしなさい！と言うよりも

中学二年生のR子ちゃんですが、早くしようと思ってもできないというご相談でした。早くしようと思えば思うほど、間違ったりしてできない。箱庭をしてもらっても、なかなか決定ができなかったりしました。お母さんは、この子のことが心配で、勉強はできないわけじゃないんですと。知能が遅れているわけでもないんです。でも、混乱してしまうR子ちゃんでした。R子ちゃんは返事が遅い。でも、良く言えば、おっとり、ゆったりしたお嬢さんなんだけど、やはり周囲がイライラするくらい、混乱しているんですね。何度か来てくれたんですが、なかなか話してくれないんですよ。それでもポツンと、「お母さんはいつも早くしなさいって言ったの。だから困っていたの。」って言いました。よくよく話を聴くと、お母さんは、私みたいにせっかちな人だったんでしょうね。

――聴・親御さんの子どもへの早くしなさいと、これはもう常套句ですよね。

そうなんですよ。でも、本来ゆったりした性格のR子ちゃんは、大好きなお母さんに言われたら、合わそうとするじゃないですか。そうすればする程、もつれていって、混乱して、小さい頃は言われると泣いていたみたいです。早くしようと思うと、逆に混乱するようになっていくんですね。

―聴・そういう場合の対処法というか、親は時間がないから早くさせたい。どういう対応が望ましいんですか?

そうですね。自分の気に入るように育てるんじゃなくて、子どもの性格とか資質を見てあげる。最近では、少し発達障がい系の子、ちょっとバランスの悪い子も結構多いんですが、そういうことを知って子どもに付き合わないと。

お兄ちゃんはパッパッとできる子でも、下のお嬢さんはゆったりした性格で、大好きなお母さんの言うことだから、何とかしようと思って頑張っていたんですね。R子ちゃんの場合は相当混乱していて、私も我慢ができない位、待たされるんです。なかなか返事もしてくれなかったりしました。

でも、早くしなさいというのは、お母さんの希望ですよね。彼女のためと思っていて、困らせてやろうとか、混乱させてやろうとは思ってない。だけど、R子ちゃんは早くしようと思うほど混乱するんですね。この子は病気ではないだろうかと心配したり。勉強はちゃんとできるから、なおさら思うんですよ。

―聴・長谷川さんは、このケースに対しては、どういうアドバイスをされたんですか?

二つあるんですが、一つのケースとしては、お母さんと本人が来てくれる場合です。そういう場合は、お母さんとの対応を見ていたら、解ってきます。お母さんがせかしてもR子ちゃんがなかなか返事をしなかったりすると、関係性が見えてきますから、後でお母さんに、R子ちゃんの性格を解ってあげて、混乱を解いてあげて下さいとお願いができます。それでもなかなかお母さんはできないんですが、理解した時、初めてちょっと緩むんですね。ちょっと緩むと、お嬢さんの方は楽になるんですね。

次に、お母さんだけが来られた場合は、お母さんにお願いして、次に来るまでに一回でも〝早く〟と言うのが減ったらOKですと。私たちは習慣で言っていますからね。

いつも言うんですけど、私は、自動車の中に「ゆっくり」とか「慎重に」とか、貼っています。にもかかわらず、免許の書き換えに行ったら、速い、もう少しゆっくりと言われます。次の時は、よし絶対に速いと言わせまいと思ってゆっくり走っても、長谷川さん、もうちょっとゆっくり。こういう、本来持っているものってなかなか変わらないでしょう。

でも、お母さんが、この子には言っても効果がないんだと、ちょっと解っていただき始めると、子どもさんの方が親御さんより変わりやすいですから。そして良くなっていく場合があります。できた時褒める。ただ、それができないお母さんを責めない。それもゆっくり待ってあげるということです。

―聴・早くしなさいと、どうしても口から出てしまうんですが、そこをぐっとこらえて、子どもの自主性にゆだねる部分があってもいいんじゃないかということですね。

◆なぜ叱られるのかわからない

県立高校を出て就職したけれど職場で困っているS君のお話です。就職して半年ですが、上司に叱られて困っていると相談に来られました。何に困っているのと聞いても説明が十分にできず、伝わってこないんです。こういう時は彼の言うことをしばらく聞くことにしています。いろんな話をしてくれるんですが、状況説明がおざなりで、叱られている意味が彼に伝わっていないということが解りました。なぜ自分が叱られるのか解っていないんです。

カウンセリングは、関係性を作らないと来なくなります。この人なら大丈夫、安心して話せると思ってもらわないと来てくれないので、最初は解りにくくても突っ込まないで、そうだったの、辛かったねと受容するんです。少しずつ関係ができて、叱られた時の話を聞きました。

仕事が終わって報告したら、上司が、それで？と言うので、もう一度説明したら、また、それで？と言われて、訳が解らなくなったと言いました。この時どういう説明をしたの？と聞くと、それがなかなか言えないんです。上司に言った通りに言ってみてくれる？と言うと、すごく考えて、現場で在庫が無いというので業者に電話しました、と報告したと言うんです。すると上司が、それで？と二回言ったと。こういうことがしょっちゅうあるようなんです。

―聴・上司は電話をした後、どうなったか知りたいと思いますよね。

上司がなぜそれで？と言っているのか、意味が解らないんですね。私が、何がどれ位足りなかったのと聞くと、業者が来て担当から聞いたので僕は解りませんと、まるで子どものお使いのような言い方をするので、これはいろんなことで困っているだろうなと。他で困ったことは？と聞くと、全てこんな調子なんです。

ある時は、倉庫の荷物を取ってこいと言われて倉庫へ行ったら、そこにアルバイトの子がブラブラしていたので、その子に荷物を持って行かせたんだそうです。上司は、君に頼んだのになぜバイトの子にさせたのか、他の部署の子を使ったらダメじゃないか、と言われたんですが、彼はポカンとしていて、だって彼が、僕が持っていきますと言って勝手にやってくれたんだから、僕は悪くないと言うんです。このアルバイトは自分と違う部署の子で、他の用事があるかもしれないから、自分が使ってはいけない子だということが解らないんです。

「私だったら、素人だから、どの部品が何個必要で、どれ位急ぐんですか？とか、もう少し詳しく聞くよ」と言うと、ああ、そうですかと言うんですが、全然心に届いてない感じなんです。記憶力はすごく良いんです。彼は、発達障がいの特徴なんですが、社会性がない、コミュニケーションが苦手、イマジネーションいわゆる因果関係が解らない、などがありました。で、テストを受けてもらいました。

彼の場合は、物を完成させるところが低かったです。でもＩＱは高かったです。テストの結果を見て、自分のことを理解した彼は、少しずつ自分のことを話してくれるようになりました。数学と社会は良かったけど、国語と理科はダメだった、英語もあまり良くなかった、本は読まない。中学の頃から勉強では頑張ったが友だちはできなかったと。

その後、彼は、周りを少しずつ見ることと、会社で何をするかを考えるようになりました。会社へ行ったら、まず挨拶をすること。そして、ちょっと解らない時は、もう少し詳しく教えて下さいと言おうと。でも、これがなかなか言えない。これを言えるようになるまでにはなかなかでした。それでも、挨拶はちゃんとして、出直そうという努力をすごくするようになりました。職場の中で言いやすい人がいたら、稽古のつもりで言ってみましょう。誰がいいですか？と言うと、その上司がいいと言うので、その人に言えるといいですねと言って、まだ努力をしています。

―聴・まだ言えないんですね。

まだ、現場にいさせてくれています。人の邪魔をしないんです。言ったことはちゃんとします。休みません。良いところがいっぱいあるので、今はそこを褒めています。あなたは遅刻をしないよね、言われたことを絶対するよね、今時そんな子はいないよ！と言って。一つだけ用心しよう。一つだけ、それは、もうちょっといろんな意味があるのかな？と思うこと。自分ばっかりじゃなくて、人の方を見ましょう。周りが少しでも見られるといいですねと言っています。

◆苦手なところを補えば快適に

大人になって、発達障がいだと思われるようなことで、いろいろ困っているご相談が最近多いんです。家にいる方や会社で勤めている方もいますが、そういう中で困っているというご相談です。昔もいなかった訳ではないのですが、社会の中で上手に生きてこられたんでしょうか。発達障がいという名前が付くと、自分でも疑ったり、家族もやっぱりと思ったり、じゃあどうすればいいの？と思ったりします。薬を飲んで治るものじゃないので、それぞれが本当にいろんなところで困っていらっしゃるということがあります。

今日のケースは、職場で困ってしまったTさんのお話です。彼女は、県立高校を出て看護師の免許を取って、張り切って就職をしました。その職場で、自分は聞いていないのに、言ったことが彼女に伝わってないと文句を言われることがよくあって、だんだん自信を失くして相談に来られたんです。小柄のかわいい女性でした。でもどこか固くて寂しそうな感じがしました。彼女は、仲間に文句を言われるようなことは何も無いんですとおっしゃるんです。一生懸命仕事をしていると言うんですが、一人だけじゃなく、だんだん何人かから文句を言われるようになって、混乱してきたようです。あれ？どうしよう、私、何しているんだろう、ということになったそうです。

最初の頃、私は彼女の辛さや言い分をゆっくり聴いて、こんな経験は初めてなの？とか、小さい頃はどんな子だったの？ということを聞いたんです。そうすると、考え込んでしまって何も言えないんです。それで、無理に思い出さなくてもいいからと伝えたんですが、その言葉が彼女の耳に入らないで、じっと考えこんでしまっていました。

発達障がいの中に、夢中になったり考えごとをしていると、周りの言葉が届かないというタイプの人がいます。彼女もその傾向があるんじゃないかなと思って、仕事をしている時、周りの人が話しかけてくるかもしれないから、人が寄ってきたら、ちょっと注意して聞くようにしましょうとお話をして、その日は帰っていただいたんです。

その後、何回かお会いするうちに、彼女が言って下さったことは、彼女が小学五年の頃から、友だちから、約束したのにどうしたの？と怒られたことが時々あって、次第に友だちが少なくなって、仲のよい友だちがずっとできなかったということでした。彼女の中では、自分が聞こえなかったとは思ってないみたいです。普通に話せば聞こえますから。こういう子は、友だちができにくいです。自分から引いてしまうんです。

職場で、彼女は上司に、私は夢中になっている時、聞こえないことがあるから、何か言う時は、肩をちょっと叩くとかして言ってほしいとお願いしたんです。そういう風にお願いをするまでには、半年くらいかかりました。言えないんですね。時間がかかりました。言えた時、その上司は、じゃあ急ぐ時は紙に書いて置いておくから見てねと言ってくれて、だから彼女の机には、ここに置いて下さいと書いて貼ることが認められて、それは、すごくうれしそうでした。これは、半年よりももっと後のことなんですが、そういう風にして、お仕事が続いたんです。

ー聴・周りの配慮がちゃんとできるようになったんですね。

こういう人は、仕事をきちんとするので、足りないところを補ってあげればいいんです。

ー聴・言ったはずなのに聞いてないというのは、注意力散漫なのかなと思いがちですが、発達障がいの特性として、集中している時は周りからの声が聞こえないことがあるということですね。

発達障がいは、ひとつの個性だと最近よく言われます。足りないところを補うようにすればいいんです。皆、いろいろあるでしょう、自分の不得手なことが。それを個性ととらえて、本人が周りの言いやすい人に、自分はこういう傾向があるから注意して下さいと言うことができれば、職場でも快適に過ごせます。

◆実習になると足が立たなくなる

今日は、資格を取るための実習になると足に力が入らず、足が立たなくなるUさんのお話です。年齢は二十歳代の方で、色が白くてかわいい方でした。職場では誰にも好かれる明るい準看護師さんです。いつも彼女は仕事を頼むと気軽に引き受けてくれるし、責任感も強いので病院にとっても貴重な存在で、正看護師を目指している方でした。仲の良いお友だちが、最近Uさんの様子がおかしいと連れて来てくださったんです。

お話を伺うと、仕事をしながら正看護師を目指して学校へ行ってるんですね。で、現場の実習に入って始めようとすると彼女の足がフニャフニャとなってうずくまるんだそうです。立たせても立たせても立たないので、廊下に連れ出すと治るんだそうです。良くなったの？と部屋の中へ入れるとまたうずくまる。病院へ行って診てもらったら、これは心配ごとか何かあるんじゃないかというようなお話で、こちらへ来ましたということでした。

仕事や家事のことを話してもらいながら、何に原因があるのか、こういうことは原因が解らないとどうにもならないでしょう。その原因も、本人が解ってない訳で、なかなか見えないというのがこういうケースのほとんどです。中には、学校へ行こうと思うと熱が上がって、お昼頃になると熱が下がったりして、本当に朝熱が上がるんですよ。ストレスや困ったことに対して体が反応しているんですね。Uさんの場合も何かに反応しているんだと思って、いろんなお話をしてもらって、お母さんの話も聴きました。

母子家庭で、お母さんも看護師で、とても仲の良い家族でした。また、恋人がいるということも解ってきました。彼をそのうち紹介するから会ってくださいと、とてもうれしそうに話してくれました。そんな時、学校の先生をしている彼の話をしながら彼女の目が不安気に動くことに気づいたんです。これは彼と何かがあるんだなと思いました。

一日目は聞かないで、次に来ていただいた時、思い切って彼とのお話を聞きました。そこで解ったことは、彼女が小学校五、六年の時にお母さんは準看護師さん、お父さんは職人さんで、お母さんは正看護師になったら給料も上がるというので、頑張って夜勤もしながら資格を取る勉強を必死でしていたらしいんです。その頃にお父さんが浮気をして離婚しちゃったらしいんです。それで、自分が正看護師になったら彼が逃げるんじゃないかという不安がある。お母さんのその時の悔しさ。何も悪いことをしてないのに、何で？ Uさんはその頃の夫婦喧嘩も見ているし、その後のお母さんの苦労を知っている。彼女はお母さんが大好きで、看護師になっているんですよ。だけど自分がここで正看護師になったら、彼が浮気をしたり逃げて行くんじゃないかって、何かこう、お母さんの辛さが移ってきているんです。お母さんもかなり辛かったと思うんですよ。

――聴・小学五年生頃の敏感な思いは、一生心に残っていて傷を作っていたのかも知れないですね。

本人はそれを忘れている。それを思い出している訳ではないんだけど。実習が終わったら正看護師になれる。そしたら彼がいなくなるんじゃないかと。本当に恋人が大好きで。この時は彼にもお会いしました。そんなことは絶対にないと彼は言うんだけど、彼女は納得できなくて、とうとう正看護師になるのをあきらめて、彼と結婚しました。

―聴・今のUさんの選択は、彼だったということですね。

彼女はお母さんが大好きで、やはり余程悔しかったんでしょうね。

―聴・足の様子だけ見ると、体の機能が悪いのかなと思ってしまいがちですが、心身症というのは思いもつかないようなところに身体症状が出るんですね。

◆お金・時間・愛情…加減がわからない障がい

Vさんは塾を経営している方です。以前、私の友人がVさんから三万円借してと頼まれたのですがと、相談に来たことがありました。Vさんは、切羽詰まった感じで、今すぐ貸してと言われるそうなんです。私はVさんに、何があったのか聞きました。そしたら、今すぐ振り込まないといけないと言うんです。通帳を見せてもらったら、なぜか同じ金額を何度も何度も彼が振り込んでいるんです。これはおかしいと思って、私は彼を連れてすぐに警察へ行きました。警察が、今まで振り込んだ用紙がありますかと言うと、彼は家から大きな束の振込用紙を持ってきました。二万九千円借りているのに、六十万円以上払っていたんです。

―聴・これは振込詐欺ですか？

はい。これは、警察の動きが早かったですね。その時、十五人位の詐欺団が捕まったようです。Vさんのおかげで。Vさんは優秀な人で、塾の経営ができるような頭脳があっても、脅されたらそんなことをしているんです。今日も払わないといけない、今日も…って、言われる度に三万円を振り込んでいるんです。彼のケースでは、彼が通帳にお金を入れるとすぐ引き出すというやり方でした。それと、言われた口座に振り込んだ用紙を持っていたので、東京で捕まえたようです。

—聴・詐欺団にしてみれば、いいカモだったんですね。でも、ちょっと考えればおかしいと思うんですが、その判断ができなかったんですか？

Vさんは学歴もあり、しっかりした人だったのですが、その事件があって、これはおかしいなと思っていました。そうしたある日、Vさんの奥さんが、なぜ私が夫の高速料金を四万円も払わないといけないのですかと、すごく怒った様子で来られました。県外の大学に通う教え子が試験前で解らないところがあると言ってきて、Vさんは、毎日高速で教えに行っていたというんです。奥さんは怒り心頭です。

この奥さんに私は言いました。別れたらと。奥さんは、別れませんよ、相当払ったんだからと。でも、彼はケロッとしているんです。困っている子の所へ行ってどこが悪いの？と言うのです。

それで私は、だんだんいろんなことを思い出したんです。そう言えば、皆でキャンプに行った時に、彼が大量に焼きそばを作ったけど、彼は分量が解らなかったのではないかと仲間が言いだしたこと。クリスマスにデコレーションケーキを作った時に、材料をいっぱい買ってきて迷惑だったこと。この人は量が解らない発達障がいじゃないかと思って、ずっと観察したら、そうなんです。加減が判らない。一人に教えていて熱中しすぎると、次の所へ行くのが遅れて、遅刻することになりますよね。

—聴・県外へ教えに高速で何度も行って、そこで収入を得られる訳でもないのに…

すごく行動的で、好かれるんです。発達障がいの特徴というのは、物だけに限らず、時間とか愛情の加減も判らないという人がいることが解ってきたんです。一番困ったのは奥さんでもなく、Vさんに関わった若者たちでした。引きこもったり、やっと学校へ行きだしている彼らがVさんに出会って、その真剣な優しさ、その関わり方に、人を信じることを知り、立ちあがってゆくんですが、立ちあがった時、彼はもう次の所へ行っていて、いない。次の所で時間を忘れて関わっていたりして、前のことは置き去りになっているんです。置き去りにしていることに本人は気づかない。だから、多くの若者が傷ついたんです。

その後始末を随分して歩きました。あの人は、そこで一生懸命にしていると、前のことを忘れているんで、あなたが嫌いな訳じゃないと、懇々と言って歩きました。彼は、その後上京したんですが、そちらで認知行動療法をしっかり受けてもらいました。自分が発達障がいの傾向があると人前でも話せるようになり、発達障がいの経験者として講演をするくらいになりました。ただ、解って来たからと言って、治るんじゃないんです。

―聴・時間や愛情の加減が判らないということもあるんですね。

ものの加減が判らないという発達障がいのケースは結構あって、周囲を巻き込んでゆくんです。自分の給料をどう使ったか判らないとかね。

◆一日二十回会社への電話

穏やかな感じの男性で、三十代後半でしょうか、Wさんが相談に見えました。お話を聞いているると、ボソボソと話されるので、聞き取るのにちょっと戸惑いました。何が問題なのかがよく解らないんです。何度も話を聞きました。Wさんはどうやら発達障がいの傾向があるようでした。会社からの紹介で来られました。仕事は真面目で人当たりもいいので、会社の仲間にも好かれているということでした。

しかし、彼には困ったことがあるのだというんです。毎日、何度も奥さんから会社へ電話がかかってくるんだそうです。一日に二十回位かかってくるようです。でも彼はその理由が解らなくて、私に説明ができないんですね。職場の同僚が電話に困り果てて、奥さんに、何で何遍も電話をかけるんですか？と聞いたら、電話の向こうで泣かれて、会社も困ってしまって、ちょっと相談に行ってきてよと言われて来たんだと。でも、何で妻が電話をかけてくるのかWさんは説明ができないんです。

―聴・Wさんは説明することがとても苦手だと。そういう方でも会社の中では能力があるんですね。

いわゆる発達障がいの方の特徴があって、社会性とコミュニケーション能力と因果関係がよく解らない、この三つがセットであるんです。特に自閉スペクトラム症の方には。Wさんにはこの三つが揃っていて、でも指示された仕事はきちんとできるんです。これは奥さんに聞かないと仕方がないということで、奥さんに来ていただきました。

奥さんの話によると、職場の彼に何かの時に電話をしたらしんです。その時電話に出た人が、彼にすごく優しい声で呼びかけたというんです。それを聞いて嫉妬したんです。あんなに優しくする訳がない。関係があるんだ、彼女がいるんだと。それでガンガンかけまくっていたらしいんです。会社もそこに気づかないんです。というのは、彼がちょっと発達障がい系の人で、マスコットではないんだけれどそういう存在で、会社では皆から好かれていたようです。その電話のところだけで奥さんが敏感にキャッチされて、嫉妬していたと。私が奥さんに聞くと、会社に彼女がいるんですよ、と言うんです。横で彼は違う、いないと言います。奥さんに怯えているんです。今まで家でそういう風にやり合っていたんでしょう。本当に大変でした。

―聴・奥さんもちょっと…

検査はしていませんけどね。奥さんにも何か問題はありそうですね。その奥さんに言わせると、あんなに優しいのはおかしいと。だからいてもたってもいられなくなるんです。私が一日に二十回も？って言うと、だって怪しいでしょう。あんなに優しいのはおかしいと、また奥さんがものすごい勢いで言う。彼は小さくなって横で縮こまっているんです。

―聴・そんなに電話をすると、会社の中で彼の立場が悪くなるということを奥さんは想像できないんですね。

そこは、私も懇々と言いました。奥さんを説得するのに三回来てもらいました。会社を首になったらどうやって生活するの？ 今、お給料はいくら？ 本当。彼にはおこずかいをいくらあげるの？といろんな質問をしました。そこでわかったのは、彼は給料を全部奥さんに渡して、彼はおこずかいもろくにもらってないんです。へ～！ どうやって浮気をするの？ お茶を飲みにゆくお金もないじゃないのと、細かく一つ一つ、奥さんにいいました。奥さんは、腹が立って会社の近くへ引っ越したんだと、そこまでやっていたんですよ。思い込んだらそこから離れられない人もいるんです。気になってね。二人とも、悪い人ではなかったのですが、本当に時間がかかりました。噛んで含めるように話しました。

私が思ったのは、彼女は人に優しくされたことがなくて、彼が一番優しい人。だから絶対離したくない大好きな人だというのが解りました。もう一つ思ったのは、彼女は親か誰か、自分に優しかった人に裏切られた経験があるんじゃないかな？ でなかったら、ここまではしないよなあと。そういうことは健康な人には聞けるんですけど、聞けないです。聞いても言えないですね。で、二つ約束をしました

彼は、会社へ決めた時間に行って決めた時間に帰る。奥さんは頑張ってお弁当を作る。彼は職場の外へは食べに行かない。そしてもう一つは、電話は二回、彼が会社に着いた頃と帰る頃だけ

はかけていいということにしました。会社でも、電話に出た時は、Wちゃんと言うのはやめて、きちんと名前を呼ぶようにしたと言っていました。私がもっと大事だと思ったのは、奥さんがまた困った時は、一人にしてはいけないということです。困ったらまず電話を下さいと。いつでも一人で考えないようにしてくださいと奥さんと約束をしました。

◆対人恐怖の思わぬきっかけ

東北地方から転校してきて、おじいちゃん、おばあちゃんの所へ来たY君のお話です。お父さんが転勤族で、それまでは単身赴任だったのですが、あまりにも転勤が続くので、お母さんがついて行くということになった時、彼は高校の途中で転校になるのが嫌で、高校は父方の祖父母の所から行かせたいという配慮で、両親は彼を預けてゆきました。でもその後ろには、中学校でいじめに会い、不登校になっていたということもあったようです。

祖父母の家から通える中学校へ転校手続きはしたものの、Y君は一日も登校しなかったようです。心配されたおばあちゃんが相談に見えました。このおばあちゃんは大変明るい感じの方で、彼を何とかしたいと、買い物を頼んだり、犬の散歩を頼んだり、いろいろ努力をされたんです。このおばあちゃんのやり方はとても良かったと思いますが、上手くいかなかった。おばあちゃんの口癖は、嫁さんがよろしくお願いしますと言ったから、会わす顔が無いんですということでした。会わす顔が無いと言いながらカラカラと笑ったりする方で、このおばあちゃんと一緒にいたら、彼は元気になるんじゃないかなという感じでした。

でも彼にその後会ってみると、対人恐怖があったんです。おばあちゃんはそれに気づかないんですね。だから、ちょっと強く接することもあり、関係が険悪になってゆくんです。小さい頃あんなに元気でかわいかった子が心を閉ざしているので、途方に暮れるんです。おばあちゃんは、いつものようにドーンと背中をたたいたりすると、彼は真っ青になって部屋に飛び込んだりするのを見て、病気になってしまったのではないかと。

―聴・後ろからドンと肩をたたいたりするのは、コミュニケーションの一つですが、それくらいでも恐怖だったんですね。

この子の恐怖は強かったみたいで、おばあちゃんは気づかないから何回かやって。もうやったらいけないと気づいたんですが、それならどう接したらいいのか解らない。それで、関わり方を一緒に考えましょうということになりました。まずは、嫌がることをやめようと。話を聞いているような時は、ご飯にする? と聞くけれど、一人で何かしている時は、急に声をかけないようにしようとか。おばあちゃんも前向きに考えてくれました。

そのうち、帽子を深くかぶって彼がおばあちゃんと一緒に来ました。話を聞くと、いじめは小学校五年くらいからあったけど、我慢して親には言わなかった。父親は単身赴任でほとんどいないし、そういう生活の中で、お母さんに心配をかけまいとずっと我慢をしていた。我慢して学校へ行ったり行かなかったりしていたある日、駅に置いてあった自転車にぶつかりそうになって、すごく腹が立って、思いっきり蹴ったんだそうです。そしたら、そこに持ち主がいて、追っかけられて、それが怖そうなお兄さんで、逃げ回ったそうです。逃げている途中で思ったことは、家がバレたらいけないから、家の方を向いて走ったらいけない。学校が解ったらいけないから鞄を前にしてマークを見えないようにとか、彼は必死だったようです。もう、すごい勢いで方向違いの方へ逃げて、暗くなって帰ったそうです。

―聴・本人にしてみると、生きるか死ぬかくらいの怖い思いをしたんですね。

それ以来、完全な不登校になって、家から出なくなったそうです。これは誰にも言ってないから、親も知らない。それなのに、おばあちゃんがドンなんてやる訳です。彼は、相談に来るうちに、強くなりたいんだと。強くなって弁護士になって、そういう子を助けたいと言うようになりました。空手を習いたいと言い出して、空手道場へ行ったんです。私は行ったことがないんですが、その空手道場は、入口から鏡がずっとあって、自分のやっている姿が見えるようになっているそうなんです。それに恐怖心が湧いて、また行けなくなって、本当に苦労したんです。それでも頑張って空手に通って、時間はかかりましたがだんだん元気になっていったんです。その後、大学の法文科に入ったというお話です。

―聴・PTSDというと、本当に大きな事故とか事件で起こるという風に思っていましたけど、恐怖心というのは、ちょっとしたいじめだったり、怖い人に大きな声でどなられたり、そういうことでも起こるんですね。

子どもの時なんかは成長盛りだから、そのうち忘れそうだし、蓋をする感じなんですが、こうして後になって出てくることがあるんですよ。

◆手の震えが止まらなくなった選手

手の震えが止まらなくなったA君のお話をしたいと思います。高校生の頃マラソン選手で、全国大会で優勝したA君は、希望する大学へ入って前途有望という学生生活を送っていました。一月には地元に帰ってきて成人式の代表にもなったんですね。その彼が、二年生になってすぐ、学校に来ていないと大学から親許に連絡があって、驚いた両親が電話をしたんですが、本人との連絡が取れないんですね。探し回ったお父さんは、友人の家にずっと居続けている彼を見つけたんです。でもお父さんに会ってくれない。友人は、何が何だか判らないけどずっと僕の家に来ているんですよと言う。お父さんは仕事がありますからずっと居続ける訳にいけないので帰ったんです。

少し間をおいてお母さんが彼の友人の所へ行きました。何とか彼に会えて連れて帰ったんですが、いろいろ聞いても何も話してくれない。しばらくゆっくり休ませようとお母さんは思ったんです。二カ月も過ぎてお母さんはもう我慢ができなくなって相談に来られました。彼が退学したいと言うんですよと言うことでした。退学するんだったら進路相談に連れてきませんかと私は言いました。進路相談というと、意外に来てくれるんです。今やっていることをとやかく言われたり、改善させようとすると来ないんです。でも、今後どうなるんだろうという不安は皆抱えている訳で、前に道があるかもしれないと思うと、ちょっと楽でしょう。今の状態を咎めないで仲良くしながら、これからの人生も大事だから進路相談に行こうかということでお誘い下さいとお母さんにお願いしました。彼も来てくれました。

お話を聞いていると、彼は腰を痛めて走れなくなって、医者に行っても治らなくて、これはもう治らないかもしれないぞ、みたいに言われて、練習にも出られなくなったんだそうです。周りの期待があまりにも大きいから、彼はそのことが言えない。その頃から手が震えるようになったと言います。

最初は成人式に帰って来た時に、マスコミの取材を受けて、その時にものすごく手が震えたそうです。取材の返事をしている時に手が震えるのが気になって返事ができないくらいになったんだそうです。本当のことが言えなかった、嘘をついているのが苦しかった。自分は腰を悪くしてもう走れなくなるかもしれない。彼は周りからの期待に押しつぶされていたんですね。

誰にも言えず一人で苦しんで、友人にさえ言えなかった。若いから自分も自分に期待していただけに、たまらなかったんですね。彼の場合は、*エゴグラムをしてもらいました。これは自分を知るための簡単なテストのようなものです。それを、今の自分と高校時代の自分とちょっと比較してみましょうと言って、二つやってもらいました。今と高校時代の自分がどんなに違っていたか、見てみるのもいいよねって。本当に自分が生き生きしていた時と今との比較をして、自分が今、どれだけ萎縮しているかが解ってきた訳です。エゴグラムをこういう風な使い方を私はします。あの頃に帰りたいなあという時、今とあの時と何が違ったんかなあとか、何が変わってきたか、自信いっぱいだった頃と今の自分を具体的に見て、結果的に今の自分を認める。自分は本当に腰が悪いんだということを自分も認めてゆくということから始めました。いつも輝いていた彼が、今の自分を認めるのは本当に辛かったと思うんですが、今の自分を受け入れることからしか未来はないよ、ということを解ってもらいました。これから何がしたいの？と聞いたら、走るということは捨てないと彼が言ったんです。選手はもう無理だろうと言うんです。親なんかの期待が大きくて彼の悩みは解決しそうもなかったんですが、彼はやっぱりスポーツに携わりたいということで、マネージメントができる大学へ代わりました。そこで選手を援助する勉強を始めました。

新しい進路が決まってからは、手の震えもだんだん減って明るくなってゆきました。今度は自分がなぜ腰を悪くしたのか、いっぱい思い当たることがあるので、そういうことがないような選手を育てたりフォローする役割がしたいと言っていました。

――聴・人生の転換期を、手助けを受けながら乗り越えたんですね。

＊注・エゴグラムは、交流分析での自己分析の仕方の一つで、五つの自我状態がどのように発揮されているかに気づく方法。心を、支配的な親・養育的な親・大人・自由な子ども・適応した子ども、の五つに分けて測定できる。

◆まつ毛を抜くのが止まらない

今日は、気が付くとまつ毛を抜いているBちゃんのお話をしてみます。いろんな心の問題が行動や表情、態度などで外に出ているケースで、子どもだけでなく大人にも結構多いです。気が付くとまつ毛を抜いているBちゃんは、お母さんに連れられて相談に来た時、まつ毛が半分くらいになっていました。六年生のBちゃんは、背丈がスラッとしていて勉強も良くできそうな子でした。お母さんにも良く似ていて、仲の良さそうな二人です。来られる前にお母さんからの電話で、一カ月位前からふと見ると、無意識に抜いているみたいで、お母さんが何をしているの、鏡をご覧！と言いながら止めたんだけど、叱ると余計やっているような気がして、これは大変だと思って連れてきましたということでした。

お母さんと三人でトランプをしながら関係作りをして安心してもらうことから始めました。様子を見ていたのですが、本人がなかなかしゃべりそうにないので、お母さんに席を外してもらってお話を聴いたんですが、まあ一回目は遊んで帰ったという感じでした。一週間後に来ていただいた時に、何か困ったことはないの？とさりげなく聴くと、何かありそうなんですね。だけど言いにくそうでした。Bちゃんは、皆はいつ頃からブラジャーをするんですか？と聞くんです。

お友だちが買ってもらったとか、この一年位の間にそんな話をちょこちょこと聞くと、友だちはお母さんと買いに行ったと楽しそうだったり、自慢げだったり、恥ずかしそうだったりして、話の中に入れない。

いつまでたっても私の胸はペチャンコで、胸が大きくならないから寄っていけないと言うんです。いじめなんかじゃないんです。誰も気がつかないんです、と言うんです。でも、仲間にも入ってゆけないし、いつになったら大きくなるんだろうと思ったり、お母さんにも言えなくて困っているんですと言うんです。一人でもの思いにふけっていたという感じですね。

ー聴・お母さんにもストレートに聞けなかったんですね。相談もできなかったんでしょうか。

ちょっと思春期の頃の性の問題というのは難しいですね。やっぱり、自慢げな子もいるんです。胸も出ている子もいるので、私は体が悪いのか、何かがあるのかしら。お母さんに言ったら…と思っていると、ついつい手がまつ毛に行っていたんでしょうね。

その日も帰っていただいて、その次はお母さんだけに来ていただきました。で、お母さんにお願いしました。とにかく今、話を聴いてあげてください。長くなくていいから、十分でもいいからBちゃんの話を聞くようにと。一カ月たってからお母さんから電話があって、Bちゃんのまつ毛を抜くのもだいぶ治って、一緒に里へ帰ってきましたと、とてもうれしそうに話してくれました。

ー聴・Bちゃんの場合はまつ毛でしたが、髪の毛というのもありますよね。それをやっている時はどうしてもその行為を注意しがちですが、その行為の裏には、心の問題があるということ。そこに少しでも気が付けば…

早め早めに対処をするということが大事です。気をそらしたり、何があるのかな?と聞いてあげたりすることも大事で、その範囲で治る場合もあります。でも、深い問題の場合もあるので、そういう時は、そのことを突かないでご相談に行かれた方がいいですね。

—聴・短くてもいいから話を聞いてあげる時間を作るということが大事なんですね。

◆新しいお母さんと仲良くしていたのに

お母さんに気づいていただきたいのですが、子どもに向かって自分がどんな顔をしているのかなっていうことです。高校一年生のC君は最近落ち着かなくて、授業中に教室からふらっと出て行って帰って来なかったりして学校から連絡があったり、自宅のトイレをちょっと汚していたりするので、お父さんが心配されて相談に来られました。家でも、夜中にふらっといなくなったりして探し回ったら、コンビニの隅で座り込んで寝ていたりしていることがありました。これまでどういう風に育ったお子さんですかということを聞きますと、彼は、小さい時に家族が別れているんですね。

小学校三年の頃、ご両親が離婚されて、妹をお母さんがつれて他の土地へ行って、彼はお父さんと二人で生活をしてこられたんです。中一の時にお父さんが再婚されて、新しいお母さんが来ました。彼はお母さんにすごくなついて、お母さんも大事にされて、すごく仲良く暮らしていたんです。

一年経った時、お母さんが妊娠されて、女の子が産まれました。彼も楽しみで、待ちに待った赤ちゃんができて、家じゅうが幸せに満ちていたはずなんですが、彼が赤ちゃんを抱っこしたりすると、危ない、危ない、と言われて、彼はだんだんその輪から弾かれたようになっていったようです。

お父さんもお母さんも悪いことをした記憶が無いから、それと彼の行動とが結びつかないんです。

—聴・お前は向こうへ行っとけとか言った訳でもない、明らかに普通の家族の触れ合いという感じだったんですね。

それはまあ男の子ですから、赤ちゃんを抱いたら危なっかしい。もっとこうしてとか言ったかもしれないですよ。そういうことが、彼の中では除け者になったと感じたんでしょう。小さい頃、お母さんが妹といなくなったというのも彼の中にあったんでしょう。お父さんが彼を連れてきてくれました。

彼とお話をしても、何も話してくれないので、絵を描いてもらいました。一本の木を描いて下さいと言って描いてもらったら、一本の木の向こうに髪の長い女の人が向こう向きに座っていて、その向こうをリボンのついた帽子が左の方へスーと流れている絵を描いてくれたんです。

その時、私は、ああこの子はお母さんにも逃げられて、また今度のお母さんには一生懸命なつこうとしてきたのに、また逃げられたような、混乱。もうちょっと自我が育っていたり、もうちょっと強くなっていたら、これは当たり前だなって思ったかも知れないのですが、彼は小さい頃の傷が大きくて、お母さんになついていた分、裏切られた思いがあったのでしょう。最初の頃の、彼を大事にしていた頃のお母さんの顔と、赤ちゃんができてからのお母さんの顔は変わっていたんじゃないかなと思います。

顔って、自分では見えないでしょう。よく、不登校の子が、お母さんは学校へ行かなくていいよと言うけど、背中が行け行け言っていると言う子がいます。目が言っていたとか、本当に子どもは敏感なんです。親はいろんなことに忙しい、でも子どもはそこだけ見ていますから。学校へ行っても落ち着かない。またあの家に帰ることを思うといやで、ふっと出てゆく。お父さんと病院へも行っていただいたら、ちょっと*解離性障害があるんじゃないかということがわかりました。これからどうするかというお話の中で、その絵をお父さんに見ていただいて、お母さんに会わせたらどうですかと言いました。

実のお母さんに引き取ってもらうことはできないかということになって、結果的には、彼は実のお母さんの方へ引き取られてゆきました。その時お母さんに、長い間離れていたので、彼の中に捨てられたという気持ちがあったらいけないから、待っていたのよ！　いっしょになれてうれしい！　という風に接してほしいと。妹さんにもお兄ちゃんの方を少し向いてあげてくださいとお願いをしました。

―聴・その子のその後は?

お父さんからは時々連絡をいただくんですが、元気にしているようです。私も、関わるとその後が心配で、こんな風にご連絡をいただいたり、年賀状で知らせてもらったりすると、ほっとすることが多いんですよ。

*注・解離性障害は、人の心が自分から離れる障害。

◆はじめボソボソと、急に饒舌に…

八方美人だとお父さんに言われたDさんのお話です。大学二年生の彼女がお母さんと二人で相談に見えました。二人共、小柄できれいな親子という感じでしたが、彼女は長い髪で顔を隠していて、顔が見えないんです。相談内容は、彼女の不登校だったんですが、お母さんが、何で大学へ行けないのかと聞いても、いつも違うことを言うので、何が本当か解らないということでした。だからお父さんは彼女のことを八方美人だと言うんだそうです。彼女は私に一言も話そうとしません。知らん顔をして静かに座っているんです。この日はお母さんのお話を聞いて、次の約束をしました。

次は、一人で来てくれました。小さい声でボソボソと返事をしてくれます。お母さんは？と聞くと、県外の実家へ帰りましたと言うんです。前回と同じように髪で顔を隠していて、周りが見えないのに大丈夫かなと思ったりしました。その当時のカウンセリングルームは、裏に大きな駐車場があって、そこで急におじいさんと子どもが大きい声で騒いだのです。その瞬間、彼女が髪を左右にパッとふり分けて、「うるせえなあ！」と言ったんです。その時私は、はっと思ったんです。

そこからの彼女はとても饒舌で、友だちは私のことを二重人格だと言うのよと、べらべら話すんです。さっきまでいた子はどこへ行ったの？という感じです。その時、その子が話してくれたんですが、幼稚園の頃に近くの公園のトイレへ男の人に連れ込まれた。泣きながら帰った。帰った時、お母さんは、どうしたの？とか、ころんだの？とか言ってくれなかった。やさしく抱いてくれなかった、お母さんへの愚痴を言うんです。トイレで、私は天井の上から見ていたのと言うんです。そういうことが何回かあったけど、私は天井から見ていたからいいのよと、心と体が離れていた様子を話してくれました。

　彼女は絵が大好きだというので、絵を描いてもらいました。すると、大きな紙の片側に木の片側だけ描いて、それに一本の枝が出ていて、柿の実を一個とても上手に描いてくれました。そんな彼女でしたが、約束の日に来ないので電話をすると、私約束なんかしていませんと言うので、来た時に必ず紙に書いてもらって、机の上に、次は何日に行くと書いてもらうようにしました。

　それからは毎週来てくれるようになりました。違う子になっていたら来ないんです。この子は、何人かの人格が出ていたようです。大街道[*]の真ん中で、何で私はここに立っているの？と思ったことがあるとか、かなり厳しい状況でした。解離に詳しいドクターに相談したら、叱られました。長谷川さんはすぐに解離と判ったんでしょう。だのに、何で絵を描かせたんですか？とか、夢の話を聞いてはいけないよと叱られました。

　絵を描くのは投影[*2]ですから、内側をえぐるようになるのでよろしくないんです。いろんな子が出てきても、名前をつけたりしてはいけないよ、とも言われました。病理がよけいに出たりしますから。お母さんは遠くの県外にいらっしゃるのでなかなか来てくれないし、この子との向き合いは本当に難しかったです。やっとドクターに繋いで入院をしたんですが、そこまで繋げるのに半年かかりました。

＊注・大街道は、松山市の中心繁華街。
＊注２・投影は、心の内面が他に影響すること。

◆夜中に一人で会話

一人で会話をしていたEちゃんのお話です。中学二年で不登校になったEちゃんは、とても明るくて元気で、不登校の理由が全く解らない。どうもわがままとしか思えないとお父さんがおっしゃいます。お母さんは病弱でEちゃんはお父さんっ子です。何か困っていることとか、辛いこととかある？と聞きますと、無い、無い、と、きっぱりと簡単に言うんです。箱庭を置こうか？と言うと、この箱庭が大好きで、毎週元気にお祖母ちゃんと来てくれました。

何度か来ているうちに気づいたんですが、おばあちゃんには、あれ？と思うくらいきつい口調で偉そうな言い方をするのです。まあ、おばあちゃんには甘えているのかなと思っていたんです。箱庭を置く時、この子はテーマを決めて置くんですが、ある時、めちゃくちゃに壊れて混乱が出てきたので、これはいけないと思って箱庭をやめました。それじゃあお話をしようかということになって、そこから彼女とお話をしました。彼女の大好きなお友達のこととか、嫌いな先生の話とか、特に体の弱いお母さんには何も言えない、お母さんには優しく接している、というようなことが解りました。

ある時、小学四年の時に、私はすごくいじめられたの、と言ったんです。でも、お母さんには心配をかけたくないし、お父さんに言うと怒られる。だから誰にも言えなかったのと言うんです。その時どうしたの？と聞いたら、夜中に二人でお話をするの、と言ったんです。私たちも悔しかった時など、一人で「くやしい」「まあいいか」とかやりますよね。そんな感じかなと思って聞いていたら、どうも違うんですね。

ずっと聞いていると、最近は学校でそれが出るようになって、周りの友だちが引いてしまった。それで学校へ行けなくなったと言うんです。引いてしまった時というのは、急に男の子になったらしいんです。普段明るい彼女が急に男の子になってしまった。そんなことが何回かあって、自分でもこれはいけないと思って、学校へ行けなくなったと言うんです。その時私は、おばあちゃんにすごい顔をしていたEちゃんを思い出しました。

うるせぇ！とか、黙っとれ！とか、激しい言葉が出るんです。これは解離があるかもしれないと思って、ご両親にお話をして、信頼のおけるドクターを紹介しました。ドクターは、その子が持っている傷に向き合って、時間をかけて整理することによって治すことのお手伝いをしてくれます。

私も、Eちゃんが自分の問題に向き合えるように、自分の考えが出せるように、お母さんにも良い子ばかりするんじゃなくて、嫌なことを嫌と言えるようになってもらって、少しずつ自我が強くなっていけるようにお手伝いをしました。毎週、世間話やスポーツのことや、私の失敗話とか、いっぱいお話をしました。一つのことでも、いろんな見方ができるということを話したりして、彼女の意見を尊重するようにしました。

Eちゃんは次第に自分の言葉で話せるようになって、高校に入って三年間くらいはかかりましたが、解離が減ってゆきました。

あとがき

これまで、どれほどの人に出会ったことでしょうか。どれだけの方のお世話になったことでしょうか。

この度も、多くの方々のご協力をいただき、完成の運びとなりました。本にしたいと南海放送にお願いして快諾を頂き、田中和彦社長からは推薦文まで頂きました。放送にあたっては、上手に相手をして下さった小倉健嗣さん、永野彰子さん、お世話になりました。

また、話した内容をパソコンに打ち込み、印刷所に掛け合い、最後まで面倒を見て下さった須山楓さん、本当にありがとうございました。さらに永年話した多くの物語を、重ならないように選び、問題別に分ける作業をして、形を整えて下さった二宮祐子さん、資金を仲間で出し合ってでも本にしたいと私を動かした清水展子さんに心から感謝いたします。

そして私が何かをする度に、協力を惜しまない娘真弓と、息子武志、アリガトウ。

令和元年七月三十日

長谷川美和子

長谷川美和子（はせがわみわこ）
1932 年　松山市生まれ
1949 年　愛媛県立松山城北高等女学校卒業
1987 年　登校拒否を考える会設立
1989 年　NHK 学園専攻科、社会福祉科修了
1998 年　カウンセリングルーム開設
2008 年　日本産業カウンセラー協会四国支部長
2010 年　日本教育カウンセリング学会常任理事

著書　「家族さがし」「家族あそび」　あいわ出版
論文　登校拒否に関する一考察　～待つことの意味～
（日本産業カウンセリング学会）
賞　2011 年　南海放送賞
2019 年　第一回　國分康孝賞
現在　カウンセリングスペース・麦の家　代表

長谷川美和子のカウンセリング
と見こう見（左見右見）

2019 年 9 月 30 日発行　　定価＊本体 1600 円＋税
著　者　長谷川美和子
発行者　大早　友章
発行所　創風社出版
〒 791-8068 愛媛県松山市みどりヶ丘９－８
TEL.089-953-3153 FAX.089-953-3103
振替 01630-7-14660 http://www.soufusha.jp/
印刷　㈱松栄印刷所　　製本　㈱永木製本

ISBN 978-4-86037-281-1